Comité d'Agriculture de l'Arrondissement de Semur.

M

Encourager l'Agriculture, la première des industries, tel est le but que poursuit le Comité en organisant chaque année ces Expositions auxquelles sont
conviés tous les agriculteurs de l'arrondissement. Jusqu'ici, disons-le, ce but
n'a point été entièrement atteint. Dans tous nos Concours, en effet, même
dans celui du 24 octobre dernier, si supérieur aux précédents, on a pu remarquer que la petite culture n'y était point représentée. C'est une lacune
qu'il est indispensable de combler. Pour arriver à ce résultat si désirable, il faut au Comité, dont le nombre des membres est trop restreint,
d'autres ressources que celles dont il dispose actuellement. Il est par conséquent indispensable que toutes les personnes qui s'intéressent de près ou de
loin aux progrès de l'Agriculture en fassent partie. Nous pensons donc que
vous voudrez bien joindre vos efforts aux nôtres pour donner à nos Concours
tout le développement que comporte la richesse agricole de l'arrondissement.

En conséquence, Monsieur, dans l'espoir que notre but aura été compris,
nous venons vous prier de nous renvoyer signée la demande ci-jointe, afin
que le Bureau, à la prochaine réunion générale, puisse vous présenter pour
faire partie de la grande association agricole de l'arrondissement. (La cotisa-
tion est de 3 francs par an.)

Semur, le 20 Novembre 1858.

Le Secrétaire,
J.-C. FOY.

Le Vice-Président,
J. DROUHIN.

Le Trésorier,
PION.

Semur, typ. et lith. Verdot.

DEMANDE D'ADMISSION.

M⁽¹⁾ _____ demeurant à _____
commune d _____   prie M. le Président du Comité
d'Agriculture de l'arrondissement de Semur de vouloir bien le faire agréer
Membre de l'Association agricole de l'arrondissement.

  À _____ le _____ 185

(Signature.)

(1) Nom, prénom et profession.

On est prié de renvoyer la présente Demande à la Sous-Préfecture de Semur par l'intermédiaire de M. le Maire, après l'avoir
remplie, datée et signée.

Semur, imp. et lith. Verdot.

AVIS

AUX CULTIVATEURS DE L'ARRONDISSEMENT DE SEMUR.

Le Comité d'agriculture a fait paraître pendant neuf années un journal intitulé *le Cultivateur*, ou journal des progrès agricoles de l'arrondissement de Semur. Les fondateurs et rédacteurs de ce journal ont tenu la promesse qu'ils avaient faite de répandre l'instruction agricole dans les campagnes, d'y favoriser autant qu'ils le pourraient la condition morale et matérielle des cultivateurs, de les tenir au courant de tous les progrès que ferait l'agriculture dans d'autres pays, de leur indiquer les meilleurs instruments dont ils devaient faire l'emploi, les soins à donner aux animaux, etc., etc. Plusieurs causes qu'il est inutile d'énumérer ont fait suspendre cette utile publication, et depuis qu'elle ne parvient plus aux Cultivateurs de l'arrondissement, elle fait faute à un grand nombre d'entr'eux, qui ont témoigné maintes fois le désir qu'ils avaient de sa réapparition. Les membres du bureau du Comité ont compris ce besoin d'un mode de communication entre le Comité et les cultivateurs de l'arrondissement, et ils sont disposés à se dévouer de nouveau à cette œuvre nécessaire, et d'autant plus nécessaire aujourd'hui que l'agriculture est plus en honneur qu'elle ne l'était en 1834, que le Gouvernement lui est plus en aide, que depuis cette époque plusieurs lois ont montré toute la sollicitude des pouvoirs publics en sa faveur, qu'elle a pris une plus large part dans le budget de l'état, qu'elle a reçu plus d'encouragements, que de nombreuses écoles d'agriculture on été fondées, et qu'enfin elle n'est plus reléguée au dernier rang des industries, mais placée par tous les bons esprits et par les économistes au premier rang, puisque c'est elle qui fournit aux autres la plupart des matériaux sur lesquels elles s'exercent.

Ainsi, dans l'espoir que nous avons d'être secondé par tous les cultivateurs éclairés de l'arrondissement, nous pouvons annoncer dès aujourd'hui la réapparition de ce journal, dont le premier numéro sera publié à la fin de juin ou dans les premiers jours de juillet prochain, et dont le prix d'abonnement sera de trois francs par an pour douze numéros ou feuilles d'impression.

BIBLIOTHÈQUE MUNIC. SEMUR EN AUXOIS

Tous les membres du Comité et des comices agricoles sont invités à favoriser cette publication, qui sera comme la première fois un travail tout-à-fait désintéressé de la part des rédacteurs. On s'adressera pour les abonnements à M. LIONNET, vétérinaire de l'arrondissement. C'est le prix de ces abonnements qui doit servir à payer les frais matériels du journal, et s'ils ne suffisaient pas, une partie de l'allocation faite chaque année au Comité par le Conseil général du département serait consacrée à compléter cette dépense, ainsi que l'a décidé le Comité dans une de ses séances de 1850.

Cette allocation n'était précédemment que de 400 fr., mais à la sollicitation du Président du Comité, membre du conseil général, elle a été portée à 500 fr., eu égard aux travaux consciencieux du Comité et au bon emploi qu'il a toujours fait des fonds qui lui ont été accordés par le gouvernement et par le département.

Cette augmentation de l'allocation lui permet de publier des extraits du registre de ses délibérations constatant les travaux auxquels il s'est livré depuis plusieurs années, les primes qu'il a distribuées, les réponses qu'il a faites aux questions qui lui ont été posées par l'autorité supérieure, et le résultat de ses discussions sur les différents faits agricoles qui lui ont été soumis, en attendant que tous les arrangements soient pris pour la publication du journal. Nous publions un compte-rendu succinct des délibérations du Comité qui sera envoyé à chacun de ses membres et à tous les cultivateurs que cela peut intéresser. Véritable lien entre l'ancien journal et le nouveau, cette publication comblera la lacune qui existe entre eux, et prouvera que depuis cinq ou six ans le zèle du Comité ne s'est pas ralenti, que les conseils n'ont pas fait faute aux cultivateurs, et que l'agriculture de l'arrondissement n'a pas cessé d'être en progrès.

Le Secrétaire	*Le Vice-Président,*	*Le Président du Comité,*
MARTIN.	LIONNET.	RÉMOND, D. M. P.

COMPTE-RENDU

DES SÉANCES

DU COMITÉ D'AGRICULTURE

DE L'ARRONDISSEMENT DE SEMUR.

Séances des dimanches 15 octobre 1848, à Flavigny, et 30 Septembre 1849, à Précy, présidées par M. le Sous-Préfet.

CONCOURS ET DISTRIBUTIONS DE PRIMES.

Avant de rendre compte des derniers concours d'animaux servant à l'agriculture qui ont eu lieu, à Flavigny le 15 octobre 1848, et à Précy le 30 septembre 1849, nous croyons devoir rappeler les motifs qui ont décidé le comité d'agriculture à porter ses concours successivement au chef-lieu de chaque canton.

Dans la séance du 7 novembre 1847, M. Rémond, président, avait dit : « le Comité a dû remarquer que le dernier concours qui a eu lieu, dans la séance du 3 octobre, n'a pas attiré une affluence de monde aussi grande que ceux qui ont précédé, et que les animaux qui y ont été présentés étaient peu nombreux. Cela peut tenir à ce que les primes n'ont pas assez d'importance pour appeler à Semur les cultivateurs des communes des autres cantons éloignés du chef-lieu de l'arrondissement et pour les engager à y amener leurs animaux ; à ce que les éleveurs du canton de Semur, ayant sur les autres l'avantage de la proximité, se rendent plus facilement aux concours et ont par conséquent plus de chances d'obtenir des primes. Ceux en effet qui sont éloignés de Semur de 3 ou 4 lieues, ne se décident qu'avec peine à faire ce trajet, incertains qu'ils sont du succès de leur déplacement. Il en résulte que le canton de Semur obtient ces primes plutôt que les autres cantons, et que ceux-ci sont privés des encouragements que distribue le Comité. » M. Rémond croit que le fractionnement en comices des cultivateurs de l'arrondissement, surtout par rapport aux concours, nuit à l'émulation. Il pense que si, pour ces concours, le comité se réunissait aux comices, que si leurs ressources étaient réunies, les concours seraient plus nombreux ; les sommes à distribuer étant plus considérables, les primes seraient plus élevées, plus importantes, les soins des cultivateurs seraient mieux récompensés et ces solennités agricoles seraient plus brillantes.

La justice et l'équité ne commandent-elles pas que tous les cantons de l'arrondissement participent également aux récompenses décernées par le comité ? M. le Président propose donc d'examiner s'il ne serait pas plus convenable, au lieu de faire *toujours à Semur* les distributions de primes, de porter les concours agricoles *successivement* au chef-lieu de chaque canton, ainsi que cela se pratique dans beaucoup de départements, et notamment dans celui de la Nièvre. Si le comité accueille cette proposition, ce serait le cas de l'étudier.

Le comité ayant pris cette proposition en considération, a nommé pour son examen une commission composée des membres du bureau et des Présidents des comices, qui sont de droit membres du comité.

Dans la séance du 5 décembre cette proposition est discutée, et les avantages de ce mode de concours sont unanimement reconnus par les présidents des comices et par tous les membres du comité ; et dans celle du 7 juin 1848, elle est adoptée et il est délibéré : 1° la distribution des primes aura lieu annuellement et successivement dans chaque chef-lieu de canton de l'arrondissement : tous les cultivateurs de l'arrondissement auront le droit d'y prendre part ; 2° le comice du chef-lieu de canton où les primes seront distribuées devra joindre les allocations qui lui auront été faites aux fonds disponibles du comité pour donner à ces primes plus d'importance.

Et de suite, pour appliquer cette mesure au concours qui doit avoir lieu en octobre 1848, le sort a dû déterminer l'ordre dans lequel les cantons jouiront de l'avantage d'avoir ces concours à leur chef-lieu. Le résultat de ce tirage au sort a été de donner le concours,

En 1848 , au canton de Flavigny,
En 1849 , à celui de Précy-sous-Thil,
En 1850 , au canton de Montbard ,
En 1851 , au canton de Vitteaux,
En 1852 , au canton de Saulieu,
Et en 1853 , à celui de Semur.

En conséquence de cette délibération, le comité a tenu sa séance à Flavigny, le 15 octobre 1848, pour y distribuer des primes avec les fonds que le ministre de l'agriculture et le conseil général ont accordés pour cette année 1848.

DISTRIBUTION DE PRIMES A FLAVIGNY,

Le 15 octobre 1848.

A l'ouverture de la séance à laquelle assistaient un grand nombre de membres du Comité et de cultivateurs des cantons voisins qui avaient amené leurs animaux au concours, le président rend compte des motifs pour lesquels le concours a lieu à Flavigny et qui viennent d'être exposés. Il entre dans quelques détails sur les primes indiquées dans le programme qui a été approuvé par M. le Préfet et surtout sur les avantages de celles données à l'exploitation ayant la plus forte proportion de cultures fourragères. Il montre aussi l'indispensable nécessité d'appliquer les règles de l'hygiène à l'éducation des animaux, de mieux construire qu'on ne l'a fait jusqu'ici les étables, de les ventiler fréquemment et d'apporter aussi les plus grands soins dans la direction de l'exploitation et dans le choix des animaux que l'on veut nourrir.

M. Lionnet, vice-président, présente d'intéressantes considérations sur les différentes variétés des animaux de la race bovine et notamment sur ceux de la race amélioratrice de Salers qu'il a pu observer dans le voyage qu'il vient de faire en Auvergne pour acheter quelques taureaux et génisses de cette race que le Comité a résolu d'introduire dans l'arrondissement de Semur. Il parle ensuite des étalons qui doivent être choisis par le département parmi les extraits obtenus des chevaux fournis par le Conseil général. Il dit qu'un seul étalon, celui de M. Cortot, de Lucenay, a été présenté, mais qu'il ne peut pas concourir, parce que, suivant une lettre de M. Reverchon, vétérinaire en chef du département, il faut que l'étalon soit né dans l'arrondissement et que celui de M. Cortot vient du Perche où il a été acheté poulain, et il invite les éleveurs présents qui auraient de ces jeunes chevaux demandés par le département à les faire inscrire sous un bref délai, la commission des haras de Dijon devant faire son choix dans le cours du mois prochain.

Le Président développe encore cette question, montre combien la race chevaline s'est améliorée dans nos cantons, depuis que des étalons choisis y sont introduits par le département; il croit que si les éleveurs ne se défesaient pas de leurs poulains, la 1re et la 2me année, on pourrait trouver, dans l'arrondissement de Semur, d'aussi beaux chevaux que ceux que l'on va acheter à grands frais, chaque année, dans le pays Chartrain; que ce qui devrait les encourager à conserver leurs jeunes chevaux, c'est le haut prix que le département les paie, prix qui n'est pas moindre de douze à quinze cents francs pour chacun de ceux qui ont les qualités nécessaires pour faire de beaux et bons étalons.

En cet instant, le Comité est prévenu que les animaux qui doivent concourir sont réunis sur l'esplanade et dans un champ près de la salle où il tient ses séances, et il nomme trois commissions pour examiner les animaux désignés les plus méritants et faire leur rapport.

MM. PICARD, de Vitteaux, CHANTRIER, de Sainte-Reine, CHANSON, de Bierre, LIBERCEY, de Semur et CHAPUIS, de Nogent, composent la commission nommée pour visiter les animaux de la race chevaline;

Pour la race bovine, ce sont MM. CABRÉ, de Flavigny, GALLOTTE, de Bourbilly, PION, de Montille, CORTOT, de Dracy et SIROT, de Pouillenay.

Pour la race ovine, MM. LACOMME, de Thostes, PION, de Juilly et BAUD, de Marigny.

La séance du Comité est suspendue à onze heures pour 'que les commissions se livrent à l'examen des animaux; elle est reprise à une heure pour entendre leur rapport. C'est conformément aux rapports de ces commissions que les primes sont distribuées.

Mais avant d'y procéder, le Président fait connaître les ressources mises à la disposition du comité, et dont l'emploi se trouve indiqué dans le programme du concours qui a été imprimé, distribué à tous les membres du comité et envoyé à tous les maires pour être affiché.

Ces ressources consistent en:

1° Une somme de mille francs que le ministre de l'agriculture a accordée au comité pour distribution de primes désignées par lui;

2° Une somme de 200 fr. qu'il a accordée sans désignation d'emploi;

3° Une somme de 200 fr. que le comice de Flavigny réunit à celles-là, conformément aux délibérations précitées;

4° Enfin une somme de 300 fr. que le comité prélève sur l'allocation de 400 fr. que le conseil général lui a faite pour 1848, réservant les 100 fr. restant pour payer les frais d'impression d'affiches, de circulaires et autres nécessités par le concours.

Le programme montre comment ces sommes ont été appliquées aux différentes primes, à celles à donner aux exploitations les mieux tenues, à la plus forte proportion de cultures fourragères, à la meilleure disposition des étables et des fumiers, enfin aux plus beaux animaux des races bovine, ovine et chevaline. Ordinairement, dans nos concours, la race chevaline n'était pas primée parce que les fonds accordés provenant des sommes mises à la disposition du ministre pour encouragements à l'agriculture, ne pouvaient point être détournées de cet emploi, et que les encouragements donnés à l'éducation des chevaux ne pouvaient être pris que sur le budget des haras, dont on ne distrait jamais rien que pour cet usage. Le comité peut cette année satisfaire aux désirs des éleveurs de chevaux, parce que le ministre a accordé 200 fr., sans désignation d'emploi, et que l'allocation que fait le conseil général est libre et ne peut avoir une meilleure destination.

Ces renseignements donnés, le rapport de MM. CHANSON, VADOT et BAUDIER relatif aux trois premières primes est lu. Il résulte de ce rapport que 50 cultivateurs ont concouru, que leurs fermes ont été visitées par la commission, qui a examiné avec attention tous les détails de leurs exploitations et leur plus ou moins bonne tenue; qui s'est enquise avec soin de la quantité des prairies artificielles et de leur plus ou moins grande beauté; qui a visité les étables, s'est assurée si elles étaient bien ou mal disposées, aérées ou ventilées, qui a noté le nombre et le qualité des animaux servant à l'exploitation, enfin qui a pris tous les renseignements nécessaires pour attribuer les primes aux plus méritants.

Du dépouillement des tableaux dressés par cette commission, il résulte que parmi les 5o concurrents des cantons de Semur et Vitteaux, elle a distingué MM.

PION, fermier à Montille près Semur, qui sur 115 hectares de terres labourables a 21 hectares 30 ares en prairies artificielles, huit chevaux et juments adultes de bonne race et neuf élèves, 29 bêtes bovines, 254 bêtes à laine, et dont les étables et fumiers sont bien tenus.

SOUPEY, fermier à Chevigny, commune de Millery, qui sur 86 hectares en a 24 en prairies artificielles, qui a 17 chevaux, juments et poulains, 30 animaux d'espèce bovine tous remarquables, 215 bêtes à laine, et dont l'exploitation est bien tenue, qui prépare des composts et tient ses étables avec intelligence.

GALLOTTE fermier à Bourbilly, dont les succès sont connus dans tout l'arrondissement, dont l'exploitation est parfaitement bien tenue, et les animaux parfaitement bien soignés dans des étables on ne peut mieux construites, qui a 25 chevaux de tous âges, 36 bêtes bovines. 180 bêtes à laine, animaux tous bien nourris et bien soignés, quoique sur 168 hectares de terres labourables M. Gallotte n'en ait que 15 en prairies artificielles. Ces trois cultivateurs des plus capables du pays, selon la commission, doivent partager la première prime de 250 fr., qui est accordée *à l'exploitation agricole la mieux dirigée et nourrissant le plus de bétail bien tenu*. En conséquence, cette prime leur a été décernée par tiers.

La prime de 150 fr. destinée *à l'exploitation ayant la plus forte proportion de cultures fourragères* a été décernée à M. Gallotte, fermier à Cormaillon, qui sur 122 hectares de terre en a les deux cinquièmes ou 47 hectares en prairies artificielles.

La prime de 80 fr. accordée à la meilleure disposition des étables, bergeries et écuries et notamment à leur ventilation; ou encore au meilleur mode de disposition des fumiers ou d'utilisation d'engrais négligés dans le pays, a été donnée par moitié à MM. Grognot, fermier à Epoissottes et Cortot, fermier à Dracy, canton de Vitteaux, dont les étables et engrais réunissent le mieux les conditions du programme.

La commission a signalé plusieurs cultivateurs qui, à des titres différents, pouvaient prétendre à ces primes : elle les mentionne honorablement. Ce sont MM. Bertrand, de Bard; Maurice Corot, de Torcy; Lichy, de Préjailly, commune de Millery; Libercey, de Chevigny; Soumet, de Pouligny; Le Blanc, d'Epoisses; Renaud, de Vic-de-Chassenay et Foy, de Bauvais.

Primes méritées par les animaux présentés au concours.

La commission nommée pour l'examen de ces animaux constate que 150 de la race bovine ont été présentés, que les races suisse, croisées charollaise et suisse et charollaise y tenaient le premier rang; qu'une grande amélioration a été obtenue depuis quelques années seulement, et que les nombreux élèves qu'elle a eus sous les yeux prouvent que cette amélioration ne se ralentira pas.

La première prime accordée par le programme *au plus beau taureau* de 18 mois à 2 ans, à quelque race qu'il appartienne, à condition de le conserver et de lui faire faire le saut pendant deux ans, a été partagée entre MM. Jacquenet, de Pouillenay et Pion, de Juilly. M. Jacquenet a eu 50 fr. et M. Pion 50 fr., pour des taureaux de race suisse, ayant des qualités différentes qui ont déterminé la différence des sommes données.

La deuxième prime de 60 fr. pour les taureaux de 18 mois à 2 ans a été partagée *ex-æquo* entre M. Bertrand, de Marigny, pour son taureau de race charollaise croisée suisse, et M. de Villefranche, de Thenissey, pour un taureau suisse.

Les primes au plus beau taureau d'un an à 18 mois et aux mêmes conditions que ci-dessus, ont été données :

La première de 5o fr. à M. CORTOT, de Lucenay-les-Bierre, pour un taureau croisé anglais et charollais, et à M. LASNIER, de Villiers, pour un taureau suisse.

La deuxième de 40 fr. a été aussi partagée entre MM. LACOMME, de Thostes, pour un taureau de race de Schwitz, et LASNIER, de Villiers, pour un taureau de race suisse.

Les primes *aux plus beaux troupeaux de vaches de 5 au moins* ont été décernées :

La première de 80 fr. à M. SOUPEY, de Chevigny, pour un lot de neuf vaches suisses et charollaises, toutes très-belles.

La deuxième de 60 fr. à M. PICARD, de Vitteaux, pour un lot de cinq vaches de race pure de Fribourg.

Les primes *à la plus belle vache laitière, de 4 à 10 ans, avec ou sans son veau*, auraient été sans contredit méritées par MM. SOUPEY et PICARD, mais le Comité voulant étendre ses encouragements les a décernées, la première de 5o fr. à M. FOY, de Bauvais, pour une vache du pays, belle et très-bonne laitière, et la deuxième de 30 fr. à M. GARNIER, de Sainte-Reine, pour une vache du pays reconnue très-bonne laitière.

Mention honorable est faite de MM. AUDERT, de......, BERTRAND, de Marigny et LACOMME, de Thostes, qui ont aussi présenté de très-belles vaches dont deux de race pure de Schwitz.

Les primes *à la plus belle génisse de 1 à 3 ans* ont été accordées :

La première de 30 fr. à M. CHAPUIS, fermier à Nogent, près Montbard ;

La deuxième de 20 fr. a été partagée entre MM. THUBET, de Marigny et CHANSON, de Bierre. Toutes ces taures étaient remarquables par leur taille et leur bonne venue. Celles qu'ont amenées MM. SOUPEY et Paul SORDOILLET leur méritent une mention honorable.

La commission des bêtes ovines constate dans son rapport que douze béliers de différentes espèces, six lots de brebis et trois lots de moutons ont été présentés.

La première prime de 5o fr. *pour le plus beau bélier âgé de 2 à 5 ans*, a été accordée à M. CORTOT, de Lucenay-les-Bierre, pour un bélier mérinos métis âgé de 2 ans.

La deuxième de 40 fr. à M. RENAUT de Vaubusin (Froslois), pour un bélier de même âge et de même espèce.

La prime *au plus beau lot de 30 à 40 brebis*, qui est de 5o fr., a été accordée, par égale portion, à MM. ARBÉ de Blie (Pouillenay) et ROUSSELET, de Saint-Georges, pour chacun un lot de brebis mérinos croisées d'un mérite remarquable.

Les autres lots de brebis ont droit à des mentions honorables , surtout celui de race mérinos de M. LAFERRIÈRE , de Bierre.

La prime unique *au plus beau lot de* 3o *à* 40 *moutons,* qui est de 4o fr., a été accordée à M PICARD , de Vitteaux, pour un lot de 5o moutons mérinos métis, d'une taille remarquable et d'un beau lainage.

Conformément au rapport de la commission pour les chevaux , les primes ont été distribuées ainsi qu'il suit :

La première de 90 fr., *au plus bel étalon de l'âge de* 3 *à* 7 *ans, à condition de lui faire faire la monte en* 1849, a été accordée à M. CORTOT , de Lucenay-les-Bierre , pour un cheval de 3 ans, gris pommelé et de race percheronne.

La deuxième de 6o fr. a été donnée à M. BELOT , étalonnier à Semur, pour un cheval percheron , gris pommelé, âgé de 6 ans.

Mention honorable à M. BERTRAND , du Brouillard, pour un cheval de mêmes race et robe.

Les primes *aux poulains étalons de* 2 *à* 3 *ans , nés dans l'arrondissement,* devant aussi faire la monte en 1849, ont été décernées :

La première de 50 fr. à M. PION , de Montille , près Semur , pour un cheval percheron, gris pommelé.

La deuxième de 3o fr. à M. CORTOT , de Dracy , pour un cheval de mêmes race et robe

Mention honorable à un poulain de M. GROGNOT , d'Epoissottes.

Les primes *aux poulains de* 18 *mois à* 2 *ans* ont été données :

La première de 3o fr. à M. GALLOTTE , de Bourbilly, pour un poulain alezan de race percheronne croisée.

La deuxième de 20 fr. à M. CORTOT , de Lucenay, pour un poulain gris ardoisé , percheron.

Mention honorable à M. GALLOTTE , de Bourbilly, pour un autre poulain gris percheron.

La prime unique de 15 fr. *pour les poulains d'un an* a été donnée à M. CARRÉ , de Flavigny, et une mention honorable à M. PION , de Montille , pour un poulain aussi fort joli.

Les primes *aux juments poulinières âgées de moins de* 10 *ans, avec ou sans leurs poulains ,* ont été décernées :

La première de 70 fr. à M. CORTOT , de Lucenay-les-Bierre , pour une jument percheronne, gris pommelé, âgée de 6 ans.

La deuxième de 50 fr. à M. PION, de Montille, pour une jument percheronne , grise âgée de 3 ans.

Mention honorable à une jument de M. Jean Rougeot, de Courcelles-les-Semur.

Les primes *aux poulains âgés de 3 ans*, ont été données :

La première de 40 fr à M. DE Thoisy, de Cessey, pour une pouline de race anglaise, demi-sang.

La deuxième de 30 fr. à M. Petit, de Seigny, pour une pouline de 3 ans, robe gris de fer.

Les primes *aux poulains âgés de deux ans* ont été accordées :

La première, de 30 fr., à M. Cortot, de Lucenay-les-Bierre, et La deuxième, de 20 fr., à M. Lacomme, de Thostes, pour des poulines de race percheronne.

Enfin, la prime unique de 15 fr. *aux poulines âgées de un an*, a été donnée à M. Lasnier, de Villiers (Pouillenay).

Le montant de chacune de ces primes a été compté à chacun des cultivateurs et éleveurs qui les ont méritées, et la séance a été terminée par une allocution du Président qui les a félicités du bon vouloir dont ils ont fait preuve en amenant leurs animaux au concours ; et, passant en revue chacune des races de ces animaux, il a fait remarquer combien elles se sont améliorées dans l'arrondissement depuis que le gouvernement accorde au Comité des subventions qui le mettent à même de decerner des récompenses aux cultivateurs les plus zélés.

La séance est levée.

CONCOURS ET DISTRIBUTION DE PRIMES
A PRÉCY-SOUS-THIL.

Séance du dimanche 30 septembre 1849, présidée par
M. Lambert, Sous-Préfet.

A dix heures, un grand nombre de membres du Comité se sont réunis avec les membres du Comice de Précy, dans la grande salle de la maison d'école de cette commune, et la séance ouverte, le Président du Comité expose que la réunion a pour but, conformément aux délibérations des 3 décembre 1847, et 7 juin 1848, de distribuer des primes avec les fonds que le ministre et le Conseil général ont accordés au Comité pour 1849, auxquels fonds doivent être joints ceux dont peut disposer le Comice de Précy.

Ces ressources sont : 1° une somme de 1,200 fr. mise à la disposition du Comité par M. le Ministre de l'agriculture, suivant sa lettre du 26 février 1849 ;

2° 400 fr. alloués par le Conseil général pour l'exercice 1849, de laquelle somme il ne figurera que 235 fr. dans les dépenses du concours, les 165 fr. restant devant servir à payer les impressions des affiches, circulaires et les autres frais du Comité ;

3° Enfin, une somme de 300 fr. que le Comice de Précy joint aux 1,435 fr. dont il vient d'être parlé, au total 1,735 fr.

Le Président entre dans quelques détails relativement à la nature des primes qui vont être distribuées, et aux différentes mesures qui ont été prises par le Comité pour parvenir à cette distribution.

Dans les 1,200 fr. accordés par le ministre, 480 fr. doivent, suivant ses instructions, être employés à donner les trois premières primes sans qu'on puisse y rien ajouter, n'y en rien retrancher. Ces primes sont les suivantes :

1° A l'exploitation agricole la mieux dirigée et nourrissant le plus de bétail bien tenu ;

2° A l'exploitation ayant la plus forte proportion de cultures fourragères ;

3° A la meilleure disposition des étables, bergeries et écuries, et notamment à leur ventilation, ou encore au meilleur mode de disposition des fumiers, ou utilisation d'engrais négligés dans le pays.

Sur le reste de la somme disponible, 600 fr. ont été prélevés pour primer les animaux des races bovine et ovine, et 530 fr. pour donner des primes aux chevaux.

Le Comité a pensé qu'il fallait encourager les garçons de charrue, et une somme de 110 fr. a été consacrée à primer ceux qui, dans le même temps, laboureront le mieux avec deux ou trois chevaux ou deux bœufs la plus grande étendue de terrain.

Enfin, une prime de 15 fr. a été accordée au sieur GUYARD, charpentier à Semur qui, le premier, s'est servi dans ce pays, du fil de fer pour le paisselage des vignes.

Le programme du concours montre comment les primes ont été partagées entre les différents animaux.

Cet exposé terminé, le Président annonce que la Commission qui a été nommée (MM. GAUTHIER, CORTOT et FOY) pour visiter les fermes signalées comme méritant le mieux les trois premières primes, a déposé son rapport, et que les Commissions chargées de l'examen des animaux présentés au concours, et de juger le labourage des garçons de charrue, vont immédiatement procéder à ces opérations.

Pendant qu'ils s'y livrent, la séance est suspendue. Elle est reprise à trois heures.

Le Comité et le Comice rentrent en séance. Une foule nombreuse remplit la salle. M. le Sous-Préfet, les membres des bureaux du Comité et du Comice sont sur l'estrade entourée par les membres de ces associations.

M. le Sous-Préfet prend la parole, et dans un discours écouté avec attention, il félicite les cultivateurs de l'arrondissement du bon esprit qui les anime pour le maintien de l'ordre et de la tranquillité, et des efforts qu'ils ne cessent de faire pour obtenir de plus abondants produits. Il remercie les membres du Comité et des Comices du zèle qu'ils apportent à propager les meilleures méthodes de cultures et à améliorer les différentes races d'animaux. Il dit combien le gouvernement de la République a à cœur de favoriser l'agriculture, d'être en aide aux travailleurs et indique les lois déjà adoptées dans cet intérêt, et les projets de lois qui sont à l'étude pour améliorer la législation des eaux qui doivent servir aux irrigations ; pour fonder le crédit agricole et l'assistance qui doit assurer aux travailleurs de toutes les industries les ressources nécessaires dans toutes les circonstances de leur vie.

Ces paroles ont été unanimement applaudies.

Après M. le Sous-Préfet, M. Court, maire de Précy et président du Comice, s'est levé et a dit qu'il devait, au nom du Comice, remercier M. le Sous-Préfet de ce qu'il a bien voulu venir présider la réunion ; qu'il y avait lieu de croire que les efforts faits par les cultivateurs du canton de Précy pour faire progresser l'agriculture ne se ralentiraient pas. Il a parlé des résultats déjà obtenus dans ce canton par suite de l'introduction de la culture de certaines plantes, telles que le colza, les betteraves, etc. Il a demandé particulièrement que des vœux fussent promptement exprimés au gouvernement pour qu'il tâche de fonder le crédit agricole, et a indiqué la grande influence que des banques cantonnales auraient sur le sort des cultivateurs qui, généralement faute de capitaux, sont forcés de renoncer aux améliorations que nécessitent la bonne tenue des fermes et l'élevage des animaux.

M. Rémond, président du Comité, prend ensuite la parole. Chaque année, dit-il, dans la solennité qui nous rassemble, nous venons prendre la parole pour glorifier l'agriculture et ses travailleurs, pour vous montrer l'honorabilité de cet état que vous exercez tous avec plus ou moins de distinction, et pour vous le faire aimer. C'est un vaste sujet que n'épuiseraient pas, pour le traiter complètement, les veilles des hommes les plus laborieux. Pour l'envisager sous tous ses aspects, il faudrait passer en revue la science de l'homme toute entière, et presque toutes les sciences et tous les arts industriels qui améliorent la condition humaine, qui font progresser la civilisation, car tous prêtent leur appui à l'agriculture, tous sont appelés à perfectionner ses procédés, à éclairer et à diriger ses travailleurs, à augmenter leur bien-être. Permettez-moi de toucher encore aujourd'hui ce sujet si fécond, et de vous entretenir encore une fois de l'enseignement agricole.

M. Rémond examine le décret du 3 octobre 1848, qui crée les fermes-écoles, les écoles régionales et l'institut national agricole. Je ne veux vous entre-tenir aujourd'hui, dit-il, que des fermes-écoles et de l'influence qu'elles devront avoir sur l'agriculture, parce que le Conseil général vient de décider qu'il en serait établi une dans le département, et qu'il a, malgré mes observations et mes efforts, fixé son choix sur la ferme de M. Marlio, située à Verrey-sous-Salmaise, trop loin du centre de notre arrondissement pour que nous puissions la considérer comme le dotant de cet établissement, ainsi que le veut le décret précité.

Il montre dans quel but ces fermes-écoles sont fondées et comment elles doivent contribuer à répandre l'enseignement agricole en unissant la pratique à la théorie. Il combat victorieusement les objections que font les routiniers en agriculture contre les lumières que répandent sur cet art beaucoup de sciences, et qui prétendent que c'est la pratique seule qui peut le faire progresser. Il voit dans l'instruction primaire qui, selon lui, doit être gratuite et obligatoire pour toutes les classes des citoyens, la source des plus grandes améliorations par suite du développement des facultés de l'intelligence, qui mettra les travailleurs agricoles à même de comprendre mieux les principes des sciences qui éclairent l'agriculture, et d'en faire une plus judicieuse application.

Après avoir montré de quelle utilité incontestable est l'enseignement agricole au point de vue du progrès, il indique sa grande influence sur la société; comment les travaux des champs peuvent, avec avantage pour la morale publique, attirer les populations des villes où il y a souvent surabondance de bras, tandis qu'ils font faute dans les campagnes, et comment ces populations y trouveraient une existence plus heureuse et plus digne. Il venge les cultivateurs du mépris que les classes élevées de la société et les ouvriers des villes déversaient naguère sur eux, et il pense que le développement de l'enseignement agricole fera promptement disparaître ces préjugés, et que l'agriculture reprendra bientôt a prééminence naturelle. Il en rend grâces à nos glorieuses révolutions

qui ont opéré sous ce rapport la plus heureuse réaction. Les gouverne-
ments qui se sont succédé depuis soixante ans, dit M. Rémond, n'ont
pu méconnaître les besoins des populations agricoles, et ils ont été forcés
de constituer et de développer l'enseignement qui leur est nécessaire.
Le gouvernement de la République, dès ses premiers pas, a senti cette
nécessité, et les fermes-écoles ont été fondées. Aimons-le donc, Messieurs, ce gouvernement de la République qui, par ses institutions démo-
cratiques et par ses lois, veut relever l'agriculture de l'espèce de servage
où elle végétait depuis tant de siècles, et répandre l'instruction dans
toutes les classes de la société, toutes devant jouir des mêmes droits et
ayant les mêmes devoirs à remplir. Soyons-lui reconnaissants; soute-
nons-le et maintenons-le par nos votes dans la voie du progrès qui est la
voie humanitaire, mais ne soyons pas impatients. Donnons-lui le temps
d'assurer l'ordre, d'asseoir la société en même temps qu'il fécondera et
développera les grands principes que résume la devise immortelle de nos
pères et la nôtre, la devise inscrite sur nos monuments et sur nos drapeaux:

LIBERTÉ, — ÉGALITÉ, — FRATERNITÉ,

et dans cette journée, Messieurs, qui est pour nos cantons la fête de l'a-
griculture, que les sentiments que cette devise exalte se confondent dans
nos âmes avec ceux qu'inspirent cette solennité, et exclamons avec joie
ces deux cris qui en sont l'expression :

Honneur à l'agriculture !
Et vive la République!

Ces cris ont trouvé de nombreux échos dans l'assemblée.....

Ce discours terminé, M. le Sous-Préfet annonce que l'on va procéder
à la distribution des primes, conformément aux rapports des Commissions chargées d'examiner les animaux et de désigner les plus méritants.
M. le Secrétaire du Comité a la parole et dit :

Pour déterminer quels sont les cultivateurs qui ont mérité les trois premières primes, le Comité a adressé aux Comices de Flavigny et de Montbard, cantons auxquels ces primes appartenaient en 1849, des tableaux
à remplir pour connaître la quantité de terres et de prés, l'étendue des
prairies naturelles et artificielles, l'assolement, les fumures, la tenue des
étables, etc., des fermes voulant concourir, en les priant de faire visiter
ces fermes, de désigner dans chaque canton les trois fermes les mieux
méritantes, que le Comité se réservait de faire visiter afin de fixer définitivement l'opinion et d'indiquer les cultivateurs à qui ces primes devaient être décernées.

2

C'est ce qui a été fait. Dix fermes ont été visitées dans le canton de Flavigny, neuf dans celui de Montbard; puis une Commmission a été nommée par le Comité. Elle a été composée de MM. Cortot, de Lucenay; Gauthier, de Chenaut, et Foy, de Bauvais. Les 26 et 28 du courant, ces commissaires se sont transportés dans ces différentes fermes, et elle a jugé que les plus méritantes étaient les suivantes :

Première prime de 250 francs.

Pour la première prime de 250 fr., elle a pensé qu'elle devait être partagée, *ex-æquo*, entre MM. Lasnier, de Villiers; Bertrand, de Marigny, et Chapuis, de Nogent, tous les trois fermiers très-intelligents.

M. Lasnier a deux chevaux, huit juments de belle taille et de la plus belle race du pays, un poulain, huit bœufs de travail, quatre taureaux, douze vaches, neuf veaux de race charollaise croisée, animaux tous d'une belle venue et bien portants. Deux cents moutons et brebis et trois porcs, forment le complément des animaux que M. Lasnier entretient. Il avait 34 hectares de céréales d'hiver, et autant de printemps; 3 hectares de luzerne, 15 hectares de trèfle, etc.

M. Bertrand a trois chevaux, dix juments et poulains; quatorze bœufs de travail, deux taureaux, neuf vaches et leurs suivants; deux cents moutons, trois porcs, bonne tenue de fermes et d'animaux. Prairies artificielles, 22 hectares.

M. Chapuis a douze chevaux, juments et poulains; huit bœufs de trait, treize vaches, deux taureaux, sept veaux, trois cent cinquante brebis et moutons, quatre porcs. Le bétail de cette ferme ne laisse rien à désirer. Les étables sont tenues avec beaucoup de soin. Il y a 25 hectares de prairies artificielles sur 110 hectares de terres labourables.

Deuxième prime de 150 francs.

Pour la seconde prime de 150 fr. à l'exploitation ayant la plus forte proportion de cultures fourragères, la Commission la partage entre MM. *Guénepin*, de Crépan qui a 15 hectares 24 ares de trèfle et luzerne; *Sirdey*, de la Rente-du-Tilleul, qui a 25 hectares en sainfoin, trèfle, minette et vesces, et *Ravaut*, de Lucenay, qui en a 40 hectares sur les 84 hectares de terre qui composent cette ferme.

Troisième prime de 80 francs.

La troisième prime de 80 fr. est également partagée entre MM. Carré, de Flavigny, et la veuve Tanron, d'Athie qui ont les étables, bergeries et écuries les mieux tenues et ventilées, et dont les fumiers sont bien disposés.

D'autres fermes méritent, sous ces différents rapports, les éloges du Comité.

La Commission a signalé comme méritant des mentions honorables pour la première prime, M. Marlio, de Verrey - sous - Salmaise; Maigrot, de Buffon; Champonois, de Darcey, et Cortot, de Seigny.

M. Seguin, de Fontenay-les-Montbard, mérite une mention honorable pour la troisième prime, celle relative aux étables, bergeries et écuries bien tenues.

Primes aux bêtes bovines.

Les membres de la Commission des bêtes bovines n'ont qu'à se louer de la qualité du bétail amené au concours.

Le nombre des animaux s'élevait à soixante-douze, de différentes races, parmi lesquelles la charollaise domine. On y voit plusieurs bêtes de la race du pays, quelques Durrham-Charollais et quelques extraits de Salers.

La Commission a décidé que les primes seraient données ainsi qu'il suit :

1° La première, pour le plus beau taureau de l'âge de dix-huit mois à deux ans, à quelques races qu'il appartienne, à condition de lui faire faire le saut pendant deux ans dans la localité, à M. Foy, fermier à Bauvais, pour un taureau...................... 70 fr.

La seconde, à M. Gauthier, propriétaire à Chenaut, commune de Roilly, pour un taureau....................... 50

2° Au plus beau taureau d'un an à dix-huit mois, aux mêmes conditions.

La première prime à M Cortot, fermier à la cour d'Arcenay, pour un taureau.................................. 40

La seconde à M. Bertrand, fermier au Brouillard, commune de Vic-sous-Thil, pour un taureau................ 50

3° Au plus beau troupeau de vaches, de cinq au moins. Première prime, M. Picard, propriétaire à Villeaux, pour une belle troupe de vaches de race fribourgeoise. On a remarqué les belles vaches et leurs veaux appartenant à M. Soupey, de Chevigny; mais comme elles ont eu la prime l'an dernier, on en fait seulement mention aujourd'hui. 70

La seconde prime a été donnée à M. Leblanc, propriétaire à Epoisses 50

4° A la plus belle vache laitière âgée de moins de dix ans, avec ou

sans son veau. La première prime à M. Soupey, fermier à
Che-vigny... 40

    La seconde à M. Foy, fermier, à Bauvais.............. 3o

5° A la plus belle génisse d'un an à trois ans.

    La première prime à M. Chanson, de Bierre.......... 3o

    La seconde prime à M. Court, de Précy................ 20

    Nota. Les taureaux étaient au nombre de onze, de race
suisse et charollaise. Les vaches laitières, au nombre de quarante, et les génises à celui de vingt-un.

Primes aux bêtes ovines, 4.

Le nombre des brebis amenées au concours est de quatre
cent quarante-sept, celui des béliers de onze, et celui des
moutons de cent quatre-vingt-quatorze.

La Commission a décerné les primes ainsi qu'il suit :

6° Au plus beau bélier de l'âge de un à trois ans.

    Le première prime à M. Cortot, de Lucenay............ 5o

    La seconde prime à M. Chanson, de Bierre............ 4o

    Béliers mérinos métisés. Les brebis et moutons de même race.

7° Au plus beau lot de trente à quarante brebis, une prime unique de 40 fr. partagée, *ex-æquo*, entre MM. Lacomme, fermier à Saussy, et Cortot, de la Cour d'Arcenay.......... 4o

8° Au plus beau lot de trente à quarante moutons.

    Une prime unique de 40 fr. accordée à M. Picard, de Vit-
teaux, déjà nommé................................. 40

Primes à la race chevaline, 14.

9° Au plus bel étalon destiné à la reproduction, de l'âge de trois à
sept ans, sous la condition de lui faire faire la monte en 1850.

    Une première prime accordée à M. Voisenet, fermier à Ville-
notte, pour un cheval de race percheronne.............. 80

    La seconde prime à M. Gauthier, de Chenaut.......... 50

10° Aux poulains de trois ans, nés dans l'arrondissement, à
condition de leur faire faire la monte en 1850.

    Une première prime de 5o fr. donnée à M. Cortot, de Dracy 50

    Une seconde prime de 30 fr. à M. Mathieu, fermier à
Courcelles.. 30

11° Aux poulains âgés de deux ans.

    Une première prime de 3o fr. à M. Bertrand, du Brouillard 30

    Une seconde prime de 20 fr. à M. Galotte, de Bourbilly... 20

12° Aux poulains âgés de un an à dix-huit mois.

Une prime unique de 15 fr. à M. Cortot, de la Cour-d'Arcenay   15

13° Aux juments poulinières âgées de moins de dix ans, avec ou sans leurs poulains.

Une première prime de 70 fr. à M. Cortot, de la Cour   70

Une seconde prime de 50 fr. à M. Pion, fermier à Montille .   50

14° Aux poulains âgés de trois ans.

Une première prime de 40 fr. à M. Ragois, du Brouillard . .   40

Une seconde prime de 30 fr. à M. Cortot, de Lucenay   30

15° Aux poulains âgés de deux ans.

Une première prime à M. Brenot, de La Roche-en-Brenil . .   30

Une seconde prime de 20 fr. à M. Milot, de Précy-sous-Thil   20

16° Aux poulines de un an à dix-huit mois.

Une prime unique de 15 fr. à M. Cortot, de la Cour   15

Primes aux garçons de Charrue, 4.

1° A ceux qui conduiront seuls des charrues attelées de deux ou trois chevaux.

Une première prime de 35 fr. à M. Gabriel Moreau, domestique chez M. Balaguy, maître de poste, à Laroche-en-Brenil. 17 50

Et à Pierre Bertaut, domestqiue chez M. Cortot, à Lucenay. 17 50 partagée *ex-æquo.*

Une seconde prime de 25 fr. également partagée entre les sieurs Jacques Peulot et Claude Serpin, domestiques chez MM. Roneau, maître de poste à la Maison-Neuve, et Pion, fermier à Montille. 25

2° A ceux qui conduiront seuls des charrues attelées de deux bœufs.

La première et la seconde prime, montant au total à 50 fr., ont été partagées également entre les sieurs Jean Tribouillard, Jean Loison, Pierre Grossetète, domestiques chez M. Gallotte, fermier à Bourbilly ; Sirot, cultivateur à Bierre, et Cortot, fermier à la Cour-d'Arcenay, à chacun 16 fr. 67 c., ci 50

Neuf charrues seulement se sont présentées pour concourir, le temps ayant été mauvais toute la matinée. Le travail qu'elles ont fait n'a pu avoir toute la perfection désirable, à cause de la grande humidité du sol dans lequel elles ont essayé de labourer. La Commission a dû avoir égard à ces difficultés.

Prime pour emploi du fil de fer pour paisseler la vigne.

Enfin, une dernière prime de 15 fr. a été donnée au sieur Guyard, charpentier à Semur, pour avoir le premier employé dans ce pays le fil de fer au paisselage de la vigne, en remplacement des tuteurs en bois, dont le prix s'élève de plus en plus, ci   15

Cette distribution de primes terminée, M. le Président prévient les cultivateurs que l'année prochaine c'est à Montbard qu'elle aura lieu, et que les trois premières primes seront, en 1850, données aux cantons de Précy et de Saulieu, par suite de la délibération du 4 juillet 1847. Il invite ceux qui voudront concourir pour ces primes à s'y préparer par la bonne tenue de leurs exploitations, par les bons soins donnés à leurs animaux, par la meilleure disposition de leurs fumiers, etc.

Et la séance est levée.

L'assemblée ne s'est séparée que pour se reformer quelques instants après dans la grande salle des réunions de Précy, où un banquet fraternel de cent couverts était préparé. On s'est mis à table. La gaité et la plus franche cordialité n'ont cessé de régner pendant le repas.

Au dessert, M. le Sous-Préfet a porté un toast *aux cultivateurs de l'arrondissement de Semur,* et en particulier *aux membres du Comité et des Comices dont le zèle pour les progrès de l'agriculture ne se ralentira pas.* Ensuite M. Court, maire de précy, a porté un toast *à la République et à son maintien par l'ordre et la conciliation.* Des cris de : Vive la République! lui ont répondu, et on s'est séparé.

Séance du 26 décembre 1848.

Dans cette séance, M. Lionnet donne connaissance de deux délibérations de la commission hippique de l'arrondissement.

Cette commission, dit-il, d'après les instructions ministérielles, a été organisée par un arrêté de M. le Préfet de la Côte-d'Or, en date du 23 décembre 1847.

Ses fonctions sont d'examiner les chevaux que les éleveurs sont dans l'intention de faire primer et accepter par l'administration des haras en qualité d'étalons. Dans ce cas, le cheval doit être présenté à la Commission qui l'accepte ou le rejette. Si elle l'accepte, M. le Préfet délivre une carte d'autorisation. C'est avec cette carte qu'on a droit de le présenter à l'inspecteur général des haras lorsqu'il est en tournée ; s'il est trouvé convenable, il fait délivrer un brevet d'approbation par M. le Ministre de l'agriculture et du commerce. Par suite de cette approbation, le propriétaire de l'étalon reçoit du gouvernement une prime proportionnée à la qualité et au nombre des saillies faites par ledit étalon pendant l'année pour laquelle il a été approuvé.

Si on veut que le même étalon soit approuvé pour la monte de l'année suivante, il faut le soumettre de nouveau aux formalités ci-dessus indiquées.

Le département exige aussi que les élèves qu'il achète tous les ans pour faire des étalons départementaux soient autorisés par les commissions hippiques, car sans cette autorisation ils ne seraient pas achetés, quelles que fussent d'ailleurs leurs qualités.

Dans la séance du 15 janvier 1848, la Commission a fixé ses jours de réunion au premier lundi de chaque mois, ce qui a été indiqué à tous les éleveurs de l'arrondissement par un avis inséré dans le Recueil des Actes administratifs qui se trouve dans toutes les mairies.

La Commission a également examiné quels sont les vices et maladies transmissibles par voie de génération ou héréditaires qui, dans l'arrondissement de Semur, sont de nature à mettre obstacle à l'admission des chevaux entiers parmi les étalons autorisés.

Elle les établit ainsi :

1° La pousse, 2° la fluxion ou ophtalmie périodique (*maladie des yeux*); 3° les eaux aux jambes (*écoulements de toute nature au bas des jambes, connus aussi sous le nom de grappe*); 4° les mélanoses ou verrues noires qui se développent autour des ouvertures naturelles; 5° l'immobilité; 6° l'épilepsie ou mal caduc.

Cette nomenclature aurait encore pu être étendue, mais la Commission s'est réservée de le faire au besoin.

Dans la séance du 30 octobre 1848, la Commission s'occupe des étalons ambulants dits rouleurs, et discute leur utilité plus ou moins contestée.

Son opinion est que leurs propriétaires travaillant dans un intérêt particulier, sans surveillance de l'autorité administrative, ne peuvent pas offrir aux éleveurs toutes les garanties désirables, que le plus ordinairement ils les trompent sur les qualités de ces reproducteurs, qui ne sont souvent pas propres à faire progresser l'amélioration.

En effet, si par fois, dit M. Lionnet, ils ont un cheval convenable, ils en ont ordinairement deux ou trois autres d'une médiocrité incontestable, à qui ils font saillir indistinctement toutes les juments, se contentant de les faire saillir la première fois par celui qui a le plus de distinc-

tion, de manière qu'on ne peut savoir de quel père proviennent les extraits; ils font aussi un trop grand nombre de saillies, qui rendent la
fécondation très-incertaine, ce qui fait aussi que les juments qui sont
fécondées par hasard ne donnent que des poulains débiles et mal con-
formés. Ces étalons sont en général très-massifs, chargés de graisse
parce qu'ils sont nourris abondamment pour les faire paraître bien con-
formés et plus vifs. Parmi eux il s'en trouve quelque-uns qui ont été
achetés dans le Perche, et ensuite de gros types, et même quelques
belges; plusieurs ont des affections héréditaires qu'on attribue toujours
à une cause accidentelle; j'en ai même vu plusieurs atteints de la fluxion
périodique et d'éparvins.

D'après l'exposé de ces considérations, la Commission émet le vœu
et désire que le gouvernement prenne des mesures pour réglementer cette
industrie de manière à concilier ses intérêts avec ceux de l'Etat et des
éleveurs. Elle invite les Comités et les Comices agricoles du département
à prendre l'initiative et à ne pas admettre à leurs concours les produits
de ces étalons non autorisés par les commissions hippiques ou par l'administration des haras, ainsi que cela se pratique déjà dans plusieurs
départements, mesure qui existe aussi en Belgique, où les administra-
teurs provinciaux dressent une liste des étalons admis dans la province
et approuvés par les Commissions instituées *ad hoc*. Il n'y a que ces étalons qui peuvent faire la monte. Des dispositions réglementaires en in-
terdisent la faculté à ceux qui ne sont pas approuvés; une prime est
même accordée aux gardes-champêtres et aux gendarmes qui signalent
les contraventions au règlement, pour l'amélioration de l'espèce chevaline.

Cinq chevaux entiers destinés par leurs propriétaires à être employés
comme étalons pour la monte de 1849 ont été soumis à l'examen de la
Commission, qui a autorisé ceux de messsieurs Laureau, de Corombles;
Cortot, de Lucenay-les-Bierre; Bertrand, du Brouillard, et Blot, étalonnier à Semur; un seul lui appartenant a été rejeté. Son rejet a été mo-
tivé sur ses vices de conformation et sur sa mauvaise vue.

Maladie des pommes de terre.

Après cette communication, la parole est donnée à M. Boucault, qui
fournit les renseignements suivants sur la culture des pommes de terre
et sur la maladie qui les atteint.

Les plants provenant de graines de pommes de terre, semées sous chassis le 10 mars 1848, ont été repiqués ayant déjà des petits tubercules le 10 mai.

Dans la récolte faite le 15 octobre suivant, un tiers des tubercules était gâté.

Deux pommes de terre venant directement d'Amérique ont produit dix pieds; elles avaient été plantées le 28 mars, le 19 mai il a été fait des boutures et replanté des tiges enracinées, le 1er juillet il a été fait des boutures avec deux tiges coupées.

Le 14 octobre, les boutures étaient aussi fortes et aussi vigoureuses que les mères; les deuxièmes étaient aussi avancées, mais moins fortes de pied. Une tige a été arrachée, ses tubercules étaient nombreux, petits mais non altérés.

Le 15 octobre, la récolte a été faite. Chaque pied a produit de 20 à 40 tubercules; en tout 400 environ. Aucun de ces tubercules n'était gâté, mais ils étaient peu farineux, ce qui venait probablement de la qualité du terrain dans lequel il s'étaient développés.

Les secondes boutures n'avaient chacune que cinq à six tubercules, parmi lesquels un ou deux seulement étaient plus gros et plus développés.

Dans les observations que jai faites relativement à la maladie, je ferai remarquer que je n'ai point aperçu de taches sur les feuilles avant le 15 août; la dernière quinzaine de ce mois a été chaude et pluvieuse; les coups de soleil ont été très-forts, et c'est après que les taches se sont montrées sur les feuilles, et ensuite sur les tiges.

D'après ces observations, il semblerait qu'il faudrait faire en sorte de se procurer une variété dont la récolte pourrait se faire dans le mois d'août.

Remarquons aussi que le système de bouturage serait avantageux pour la petite culture et les besoins journaliers du ménage, car au moyen d'une plantation printaunière on pourrait bouturer successivement les plantes et obtenir, par ce moyen, plusieurs récoltes à des époques variables et sans perte de tubercules.

M. Lionnet observe que le bouturage des tiges de pommes de terre ne peut être pratiqué que dans des terrains meubles, bien amendés; qu'il ne peut être véritablement utile que dans la culture maraîchère; il pense qu'il serait inapplicable à nos terrains marneux qui sont trop compactes, surtout pendant les années sèches; que les racines ne pour- raient, à cause de cela, s'y développer que dans les années pluvieuses;

que même dans ces années, on courrait les risques de voir la tige bou-
turée se gâter, effet produit par la nature du sol qui retient l'eau pendant long-temps, et par la contexture aqueuse des tiges de la plante
elle-même ; au surplus, que ce sont des expériences à faire.

Pour faire suite à ces expériences, nous allons faire connaître successivement ce qui a été dit sur cette importante question dans les séances
du Comité, qui ont suivi celle-ci.

Ainsi, dans la séance du 29 juillet 1849, M. le Président a appelé de
nouveau l'attention du Comité sur cet objet, et il demande aux membres
présents s'ils ont observé cette année la maladie des pommes de terre
dans les différentes plantations qu'ils ont faites.

Il dit que dans une visite qu'il a faite récemment à M. Galotte, à Bourbilly, avec M. de Dombasle, l'un des inspecteurs de l'agriculture, il a
vu un petit carré de pommes de terre situé près du pavillon, atteint de la
maladie; que M. de Dombasle lui a raconté, ainsi qu'à M. Galotte, que
dans un voyage qu'il a fait l'an dernier dans le nord de la France et en
Belgique, il a eu occasion de visiter des cultivateurs qui ont fait des expériences sur les pommes de terre malades, et qui, par une opération
très-simple, croyaient être parvenus à arrêter les progrès de la maladie.

Il s'agit simplement, aussitôt qu'on s'aperçoit que les feuilles et les
tiges sont atteintes, et avant que la maladie soit parvenue jusqu'aux
tubercules, d'arracher les tiges sans arracher les tubercules. Ceux-ci
continuent de végéter et parviennent, malgré la privation de la tige, à
une complète maturité.

Le propriétaire belge faisait autrement, il se contentait de couper les
tiges très-près de terre, et de recouvrir ces restants de tiges avec de la
terre prise à côté du pied de pommes de terre.

Des expériences comparatives, dit M. de Dombasle, ont été faites sur
des rayons de pommes de terre situés les uns à côté des autres, et les
pommes de terre dont les tiges avaient été arrachées, et celles dont les
tiges avaient été coupées et recouvertes de terre, se sont bien conser-
vées, n'ont point été atteintes de la maladie, tandis que celles provenant
des rayons où ces opérations n'avaient pas été faites, se sont plus ou
moins gâtées.

Ces expériences veulent être répétées.

M. Gavaut, de Crépand, sans en contester l'exactitude, dit que si l'on
choisit pour planter, des pommes de terre bien saines et qui n'ont point
été mises en contact avec des malades, que si on les plante dans un
terrain léger et point humide, et si on leur donne les labours néces-

saires, il est très-probable que l'on n'aura pas de pommes de terre malades; il ajoute, et plusieurs membres le confirment, que l'on n'a pas encore observé la maladie dans les plantations de cette année (29 juillet 1849).

M. de Virieux dit qu'il s'en est préservé en recouvrant de poussière de charbon la pomme de terre au moment de la plantation.

M. Rémond rappelle que l'on a employé dans le même but les cendres, le plâtre, la suie, le sel de cuisine, la chaux, l'acide sulfurique, etc.

D'autres membres disent que le meilleur moyen de se garantir de la maladie est de ne planter que des pommes de terre printannières, dont la végétation et la maturité promptes les mettent à l'abri de la maladie; car il est d'observation que ce n'est qu'à une époque avancée de la saison, vers le mois d'août, que l'altération se montre.

M. Lionnet, à propos de l'arrachage ou de l'enlèvement des tiges, selon la méthode indiquée par M. de Dombasle, fait observer que les tiges des plantes sont très-essentielles à la végétation et même à la production des tubercules, attendu que les plantes se nourrissent autant par les feuilles que par les racines, qu'il ne serait pas prudent de faire une semblable opération pendant une année sèche où souvent les pommes de terre ne donnent que de petits tubercules faute d'humidité; qu'il ne croit pas au succès de cette pratique non encore justifiée par des expériences comparatives, parce qu'elle est contraire aux lois de la physiologie végétale. En effet, dit-il, les tubercules se forment après la tige souterraine dans le moment où la végétation est la plus active et lorsque la floraison commence. Si à cette époque la sécheresse arrive, la récolte est peu abondante. Il en serait bien autrement si on venait à priver la plante d'un de ses plus actifs moyens de nutrition, et d'attirer l'humidité de l'air, d'empêcher aussi l'évaporation de l'eau dont la terre est imprégnée.

Quoi qu'il en soit, quelques personnes disent que cette opération réussit, mais je crois qu'elles n'ont pas bien observé; car, dans nos pays, lorsqu'on coupe les fannes des pommes de terre, c'est en automne, pour les donner aux vaches; alors la végétation des tubercules est pour ainsi dire terminée; ils arrivent, ainsi que la plante, à leur maturité et n'ont plus besoin d'absorber l'humidité et les gaz atmosphériques qui leur sont si utiles. Il faudrait, pour bien s'assurer de ce fait, faire des expériences à toutes les époques de la végétation: c'est ce que je me propose de faire l'année prochaine dans notre jardin d'essais; alors je vous en rendrai compte.

Dans la séance du 23 septembre 1849, la question de la maladie des pommes de terre est encore ramenée à l'ordre du jour.

M. Lionnet persiste à soutenir les assertions qu'il a avancées dans la précédente séance, et il dit que si c'est par les racines que les plantes s'assimilent les éléments de nutrition que contient le sol, c'est par les feuilles qu'elles exploitent les couches atmosphériques à leur profit. Si on enlève à une plante le feuillage qui lui procure encore beaucoup d'a-liments, il est hors de doute que les produits en doivent être diminués dans une proportion plus ou moins grande et en rapport avec l'époque où s'opère la soustraction; c'est ce qui résulte évidemment de quelques expériences qu'il a faites à ce sujet.

Plusieurs variétés de pommes de terre n'ont presque pas de tiges, dit M. Chanson. Ces variétés ont, comme les autres, des tiges et des racines distinctes, dit M. Lionnet; ces tiges presque souterraines et intermé-diaires entre les véritables tiges et les racines, s'appellent rhyzômes. Sur toute leur longueur, de distance en distance, partent des racines cheve-lues qui s'insinuent dans la terre et donnent naissance à des tubercules. Ces variétés, en raison de leur peu de production, sont peu cultivées.

Il est à peu près constaté, ajoute le même, que la maladie des pommes de terre consiste en un champignon microscopique qui, par sa végéta-tion prompte et active, amène la décomposition du tubercule atteint, et que c'est à la destruction de ce parasite qu'il faut principalement s'at-tacher.

Un grand nombre d'expériences ont été tentées dans toute la France et dans les pays etrangers pour affranchir la pomme de terre de son altéra-tion spéciale. La régénération et ses modifications, soit par le semis, le bouturage, etc., n'ont rien donné de satisfaisant. M. Boucault, qui a fait tous ces essais, nous l'a suffisamment prouvé.

L'application des moyens chimiques n'a pas été plus heureuse, bien qu'un grand nombre d'essais de ce genre aient été tentés.

M. Chanson dit que l'année dernière il a fait vitrioler (sulfate de cuivre quatre hectolitres de pommes de terre qu'il a fait planter ensuite; elle ont peu produit, et parmi celles qui ont réussi, il y en avait un asse grand nombre de gâtées.

En résumé, on peut dire que jusqu'à ce jour, la maladie des pomme de terre est encore un problème, car on n'a rien obtenu de certain pa tous les essais qui ont été tentés.

A la fin de la séance, M. Boucault offre au Comité un gâteau fait ave de la fécule de marrons d'Inde. Voici ce qu'il rapporte à ce sujet :

J'ai râpé un kilog. 500 gram. de marrons d'Inde mondés deleur écorce ;
je les ai râpés et lavés de même qu'on le fait quand on veut en obtenir de la fécule de pommes de terre, en y ajoutant cependant une solution
de 4 grammes de carbonate de soude par kilogramme, ainsi que le pres-
crit M. Flandin, pour saponifier l'huile grasse contenue dans le marron,
et qui donne lieu à l'amertume excessive qui fait que ces fruits ne peuvent être utilisés pour l'alimentation de l'homme.

J'ai obtenu 250 grammes de fécule dont les molécules sphéroïdes, vues
au microscope, sont de moitié moins grosses que celles de la fécule de
pommes de terre.

La fécule de marrons d'Inde est aussi bien moins légère à volume
égal ; il en faut une plus grande quantité pour épaissir une quantité
donnée d'eau, il lui faut aussi bien plus long-temps pour épaissir. Pré-
parée en gâteau ou en biscuit, elle est plus compacte, mais son goût est
très-agréable.

A cette occasion, M. Lionnet fait l'historique de l'introduction du mar-
ronnier d'Inde en Europe ; il ajoute qu'il sera toujours difficile d'en faire
l'objet de grandes spéculations ; qu'il tiendrait trop de place dans les
cultures forestières ou autres ; que, malgré qu'il croisse rapidement, il
ne peut servir qu'à être placé dans les avenues, dans quelques massifs et
dans les promenades publiques. Car son bois , de mauvaise qualité, ne
fournit que des planches qui ne sont pas estimées, et qu'il ne peut non
plus être employé avec avantage comme bois à brûler ; que déjà on était
parvenu à enlever l'amertume de son fruit , soit par les lavages réitérés
de sa pulpe, soit par l'emploi des substances alcalines ; qu'au surplus
certaines espèces d'animaux domestiques, tels que les ruminants, le man-
gent avec plaisir, sans préparation quelconque , et que c'est là le vrai
moyen de l'employer utilement.

Demande d'une subvention pour 1851.

M. le Préfet a adressé le 17 juillet 1850 , à M. le Sous-Préfet, une
lettre dont copie a été envoyée à M. Rémond , président du Comité et
par laquelle il fait connaître que le bordereau justificatif de l'emploi des
fonds accordés en 1849 au Comité d'agriculture de l'arrondissement de
Semur , étant parvenu trop tard à M. le ministre de l'agriculture et à
une époque où le crédit des encouragements à l'agriculture était complétement épuisé, celui-ci se voit à regret dans l'impossibilité d'accueillir la demande de 2,000 fr., en faveur du Comité, pour l'année 1850.

Le 4 août, M. le président a écrit directement à M. le ministre de l'agriculture pour lui demander, en compensation de cette subvention, quelques animaux améliorateurs ou des instruments agricoles perfectionnés, ou bien des livres pour augmenter la bibliothèque du Comité.

Le ministre a répondu en envoyant des livres et témoignant le regret de ne pouvoir donner au Comité une autre compensation.

C'est le défaut de cette subvention de 2,000 fr. qui a été cause que le Comité n'a pu distribuer de primes en 1850, et pour qu'il n'en soit pas de même en 1851, M. le président a, dès les premiers jours de janvier, adressé à M. le Préfet la lettre suivante :

MONSIEUR LE PRÉFET,

Chaque année, au 31 décembre, les associations agricoles doivent envoyer à M. le ministre de l'agriculture des renseignements sur leur situation, lesquels sont consignés sur des feuilles imprimées qu'elles reçoivent quand vous leur annoncez les subventions accordées par le ministre et les allocations du conseil général. Vous vous le rappelez, sans doute, pendant l'année 1850, ces renseignements ayant été donnés trop tardivement par le Comité que je préside, M. le ministre n'a pu nous accorder aucuns fonds, lors de la distribution de ceux de son département destinés aux encouragements à l'agriculture. En exprimant votre regret, Monsieur le Préfet, dans votre avis approbatif de celui de M. le Sous-Préfet, du 8 avril 1850, sur la privation des encouragements mérités par le Comité de Semur, vous ajoutiez, dans votre lettre du 17 juillet adressée à M. le Sous-Préfet :

« Le ministre se voit avec regret dans l'impossibilité d'accueillir fa-
« vorablement ma demande (de 2,000 fr.), en raison surtout des ser-
« vices que ce Comité a déjà rendus et du bon usage qu'il ferait de la
« subvention qui lui serait accordée. Il a fait prendre toutefois parti-
« culièrement note de ma demande, qui lui sera représentée avec soin
« lorsqu'il y aura lieu de distribuer en 1851 les fonds destinés aux encou-
« ragements de l'agriculture, et il aura soin d'y comprendre, pour la plus
« large part possible, le Comité de Semur dont la marche, je l'espère,
« ne se ralentira pas cette année, et qui continuera, comme par le
« passé ses utiles travaux. »

Au début de l'année 1851, j'ai l'honneur de vous rappeler, Monsieur le Préfet, les bonnes dispositions dans lesquelles vous étiez, il y a six mois, en notre faveur, et de vous prier d'y persister et de faire obtenir au Comité de Semur les 2,000 fr. qu'il avait demandés en 1850. Leur emploi était indiqué dans le bordereau des renseignements donnés par moi le 1er avril 1850 et dont un double doit être dans vos bureaux. Je vous prierai de demander de plus une somme de 500 fr. dont je dirai l'emploi plus loin.

Depuis cette époque le zèle du Comité ne s'est point ralenti. Permettez-moi de vous signaler quelques-uns de ses travaux.

Déjà, par ses soins et ses conseils, la culture du colza se répand dans l'arrondissement et l'on s'aperçoit facilement qu'elle tend, chaque année, à prendre plus de développement. La culture des betteraves s'étend, et une culture bien plus productive et bien plus avantageuse commence, celle des carottes. Un membre du Comité a continué des expériences sur la fécondation des poissons et d'autres expériences se font sur l'emploi des engrais liquides dont le monde agricole se préoccupe depuis quelque temps. — Des questions sur la péripneumonie épizootique ont été étudiées par le vice-président du Comité, dont le rapport vous sera bientôt adressé. — Des observations ont été continuées sur la maladie des pommes de terre ; elles font le sujet des fréquents entretiens du Comité. — La médaille méritée par M. Garreau, pépiniériste et membre du Comité, pour la propagation des arbres résineux et décerné par le jury central de l'exposition nationale de 1849, lui a été remise par M. le Sous-Préfet en séance solennelle. — Le président et plusieurs membres du Comité ont prêté leur concours à M. l'ingénieur Collin pour les études relatives à l'établissement du grand barrage de l'Armançon, près le village de Pont, et aux rigoles d'irrigation de Genay qui doivent, dans un avenir prochain, augmenter la richesse agricole de Semur et de ses environs, ainsi que pour développer dans le pays l'instruction agricole pratique. A cet effet, un des membres du Comité, M. Malinowski, a ouvert et fait un cours sur l'art d'irriguer les prairies, cours auquel ont assisté des élèves du collége, plusieurs jeunes cultivateurs, des membres du Comité, etc. L'influence de ce cours, s'il pouvait être continué, serait grande sur la formation des prairies et sur les progrès agricoles de l'arrondissement. C'est pour avoir la facilité de le faire tous les ans, pour acheter les divers instruments nécessaires, pour donner quelques récompenses aux élèves, que je vous prie de demander à M. le ministre les 500 fr. dont j'ai parlé plus haut. Ils serviraient encore à accorder au professeur une indemnité pour ses soins, ses travaux assidus et les démarches et voyages qu'il ne craint pas de faire dans l'intérêt de l'enseignement de cet art des irrigations, et qui sont constatés dans le rapport ci joint qu'il a fait au Comité à sa dernière séance. Dans les précédentes, le Comité s'est occupé du drainage auquel le gouvernement paraît mettre beaucoup d'importance, de l'emploi du sel en agriculture, du pesage et du mesurage des grains, et des réponses vous ont été adressées. Monsieur le Préfet, conformément aux opinions du Comité sur ces diverses questions. — Récemment, M. le ministre a demandé deux exemplaires des publications agricoles faites par le Comité. Ils vous ont été adressés le 17 décembre. Il suffit d'y jeter les yeux pour reconnaître combien ce journal du Comité était utile et servait à répandre l'instruction dans le pays, et combien il serait à désirer que nos ressources fussent suffisantes pour qu'on pût le publier de nouveau.

Voilà, Monsieur le Préfet, comment le Comité a répondu en 1850 à la bonne opinion que vous aviez bien voulu concevoir de lui; et, pour compléter ses titres à la bienveillance de M. le Ministre, je crois devoir ajouter que son Président n'a jamais fait défaut à l'appel que vous lui avez plusieurs fois adressé, soit pour avoir des renseignements sur quelques faits relatifs à l'agriculture, soit pour se rendre à Dijon, aux réunions agricoles que vous avez convoquées.

Ainsi, nous devons avoir tout espoir que M. le Ministre nous accordera non-seulement les 2,000 francs demandés l'an dernier, mais qu'il voudra bien y joindre 500 fr. qui seraient employés pour favoriser l'art des irrigations et du drainage.

Agréez, etc.

RÉMOND, D.-Méd.

SÉANCE DU 11 MARS 1849.

DEMANDE d'une récompense nationale pour M. Nicolas GARREAU, pépiniériste à Semur.

M. le Président du Comité donne lecture d'une lettre de M. le Préfet de la Côte-d'Or, en date du 7 février 1849, adressée à MM. les Sous-Préfets et Maires du département, et qui est ainsi conçue :

« D'après un arrêté rendu le 18 janvier dernier par M. le Président de la République, en exécution de la loi du 22 novembre 1848, une exposition des produits agricoles et industriels s'ouvrira à Paris le 1er juin 1849, et sera close le 31 juillet suivant.

Le Comité a entendu cette lecture avec intérêt; il en adopte les conclusions, et charge son président d'adresser à M. le Préfet ce rapport de M. Lionnet, en le priant d'appuyer la demande d'une récompense nationale en faveur de M. Garreau.

Pendant la séance du 7 avril 1850, M. Rémond préside. M. le Sous-Préfet n'ayant pas voulu accepter la présidence, est à sa droite. M. Lionnet, vice-président, et M. Martin, secrétaire, sont au bureau. Vingt membres du Comité assistent à cette séance.

La première affaire qui doit nous occuper, dit le président, est la remise à M. Nicolas Garreau, pépiniériste à Semur, d'une médaille qui lui a été décernée par M. le Ministre de l'agriculture, comme récompense nationale pour les succès qu'il a obtenus et les services qu'il a rendus à l'arboriculture, en propageant depuis de longues années la culture des arbres résineux. Le vœu exprimé par le Comité, dans sa séance du 11 mars 1849, a été écouté. Il a été appuyé par M. le Préfet, et par le Jury qu'il a nommé au chef-lieu du département pour statuer sur l'admission ou sur le rejet des produits proposés pour figurer à l'exposition de 1849, et pour signaler les services rendus *à l'agriculture ou à l'industrie par des chefs d'exploitation, des contre-maîtres, des ouvriers ou journaliers.* Le rapport de M. le vice-président du Comité ayant constaté que M. Garreau a été un des agents les plus éclairés de la production agricole-forestière, une médaille en bronze lui a été accordée, et M. le Sous-Préfet lui en a donné avis en l'invitant à se rendre à la séance du Comité de ce jour. M. Garreau, son fils Antoine Garreau, et Champenois, son gendre, sont présents.

M. le Président, dans une courte allocution, fait ressortir toute l'importance et l'utilité des travaux de M. Garreau, et combien le Comité est heureux de faire obtenir une récompense à l'homme modeste et laborieux qui, par ses soins assidus, par des observations judicieuses et par une longue persévérance, a rendu à la sylviculture de nombreux départements les plus signalés services.

M. le Sous-Préfet, après avoir prié M. Garreau de s'approcher, prend la parole et dit en s'adressant au Comité :

« Messieurs, me présentant pour la première fois au sein de votre Comité, il ne m'a point été donné d'assister encore à vos travaux, d'être le témoin des efforts persévérants que vous avez faits pour découvrir, développer et féconder les mille sources de prospérités que la terre est à même de produire, sous les formes les plus variées, dans des mains actives et patientes. Mais la communication du registre de vos délibéra-

— 38 —

tions m'a permis de m'initier à la connaissance de vos œuvres. Je vous y ai suivis, Messieurs, avec un grand intérêt. J'y ai vu vos soins incessants s'appliquer à la recherche des moyens les plus propres à augmenter la production du sol; je vous y ai vus vous occuper de la diversité et de l'appropriation des semences aux diverses natures de fonds, de la variété des engrais, de celle des prairies artificielles et de leur culture; je vous y ai vus accueillir avec ardeur le projet d'un cours public sur les irrigations, projet qui, dans ce pays surtout, étant mis à exécution, devra amener infailliblement d'immenses améliorations dans les produits du sol. Je vous félicite de votre zèle et de vos soins. »

Puis, s'adressant à M. Garreau :

« Je suis heureux, dit-il, d'avoir à vous remettre cette médaille, que M. le Ministre de l'agriculture et du commerce vous adresse comme étant la récompense que vous a décernée le Jury central de l'Exposition nationale de 1849.

« Je m'associe de tout cœur, dans cette circonstance, à cet acte de justice. Je m'associe également à la louable pensée du Comité d'agriculture, qui avait, avec raison, recommandé au gouvernement la courageuse persévérance que vous avez su mettre à découvrir les moyens de reproduction et d'éducation des arbres résineux dont vous aviez, avec tant de succès, introduit la culture dans le pays.

« Je ne puis que vous engager, Monsieur, à continuer cette grande et utile entreprise et à aider de vos conseils ceux que vous vous êtes adjoints pour son exécution. Vous avez su, par là, vous assurer une place honorable dans les souvenirs et dans la reconnaissance du pays. »

Après cette remise de la médaille, le Comité délibère que le secrétaire est autorisé à faire imprimer le compte-rendu de cette séance, pour en être distribué un exemplaire à chaque membre du comité, et deux exemplaires à M. Garreau et à chacun de ses enfants, lesquels devront être conservés par eux comme titres des plus honorables pour cette famille. Le secrétaire est également autorisé à faire graver, aux frais du Comité, le nom de M. Garreau sur la médaille.

MM. Nicolas Garreau père et Antoine Garreau fils sont présentés et admis à l'unanimité comme membres du Comité.

Signé RÉMOND, D. Méd., *Président du Comité;*
LIONNET, *Vice-Président;*
MARTIN, *Secrétaire.*

Viticulture.

M. Lionnet dit qu'il a visité une vigne appartenant au sieur Guyard, charpentier à Semur; qu'il a vu avec plaisir que cet homme intelligent l'avait montée avec des fils de fer, pour éviter l'emploi des tuteurs en bois, dont le prix augmente tous les jours. Quoique ce procédé ne soit pas nouveau, M. Lionnet propose au Comité de lui allouer une prime de quinze francs pour le mérite de l'introduction. Cette prime est accordée et sera donnée au sieur Guyard, lors de la première distribution de primes qui se fera cette année.

Séance du 23 *septembre* 1849.

Arbres résineux. — M. le Président donne lecture d'une notice sur les arbres résineux que lui a adressée M. de Virieux de Lautilly; cette notice est ainsi conçue :

M. le Président,

J'ai l'honneur de vous adresser, pour que vous la communiquiez au Comité, la notice que vous avez bien voulu me demander sur les arbres résineux, en vous priant de croire que ma prétention n'est pas de signaler des faits nouveaux; mais d'une part souvent on ignore des préceptes fort connus, et d'une autre part il arrive que souvent la science elle-même conduit à l'incertitude dans le choix des systèmes. A ce double point de vue, un abrégé des expériences faites dans notre localité, peut offrir quelque utilité. Je ne parlerai pas des sols privilégiés où les semis réussissent; il ne s'agit ici que des terrains calcaires ou argileux, que leur dureté, leur peu de profondeur et leur diposition à se soulever ou à se fendre, rend impropres à la germinaison des graines. La première condition, trop souvent méconnue, consiste à ne pas planter l'abies picea à ciel découvert, excepté dans les pentes fortement inclinées, où le soleil donne peu, l'ombre étant nécessaire au développement de ses premières pousses. Ce fait me paraît incontestable, de même que l'on a reconnu que de toutes les expositions, celle du nord est préférable. Quant à la plantation, les époques et les modes varient selon la nature des sols; dans les terres fortes, il convient généralement de planter au printemps, et peu profondément pour éviter la décomposition du chevelu. Dans le calcaire, les racines, afin d'éviter les effets de la sécheresse, seront enfouies le plus bas possible, et sauf le cas de très-fortes gelées, l'automne offre le plus de certitude. Mais en tout état de cause, on ne doit pas négliger pendant les hâles de mars et d'avril de donner au pied de chaque plant un coup de tête de pioche, dont l'effet est souverain; il resserre la terre, en ferme les fentes, et assure le succès de la plantation. Cela dit, le moyen le plus économique, le plus prompt et le plus sûr, consiste à passer un marché avec les pépiniéristes de Semur qui entreprennent le boisage des sols les plus ingrats, avec garantie de succès, à raison de douze ou quinze francs par mille. Il ne reste plus alors qu'à fixer les distances et le choix des essences qui sont deux points fort importants; je me bornerai à indiquer les trois modes qui m'ont le mieux réussi. Le premier consiste à ne planter dabord que la moitié du terrain, soit en *larinx europea, pinus maritima*, ou *sylvestris*, à deux ou trois mètres au plus; quelques années après, lorsque les plantes ont atteint la hauteur d'environ sept pieds et commencent à projeter un peu d'ombre, on plante dans les vides un nombre égal d'abies picea, qui bientôt ratrappent leurs aînés. Dans le second système, après avoir garni la moitié du sol de la même manière, on remplace l'abies picea par des plantes d'essences feuillues qui donnent un bois *mêlé*, dont le produit plus prompt répond mieux d'ailleurs à nos divers besoins. Si l'on veut enfin boiser à moins de frais possible des sols d'une très-minime valeur, il suffira de planter çà et là quelques pins qui se multiplieront par la graine.

Chaulage des terres. — M. Delaferrière appelle l'attention du Comité sur le chaulage des terres; il dit qu'il a l'intention d'en faire l'essai sur ses terres du château de Bierre, et il propose au Comité de nommer une Commission pour suivre ce travail. M. Delaferrière assure avoir vu employer le chaulage avec beaucoup de succès dans le département de l'Ain. Dans ce pays, dit-il, le chaulage est employé depuis très-long-temps, et ceux qui savent l'employer avec prudence en retirent de grands avantages.

C'est le grand avantage que l'on retire de ce procédé dans le département de l'Ain qui l'a décidé à en faire l'essai dans sa propriété de Bierre.

M. Marchand dit qu'il a vu employer le chaulage par un agriculteur de ses environs, qui n'en a pas été satisfait, et dit que ce dernier employait la chaux hydraulique, et qu'elle se mettait en pâte, puis se durcissait ensuite à l'air.

M. Lionnet répond qu'il existe plusieurs moyens d'employer la chaux; qu'il faut éviter de la laisser mettre en pâte, que dans cet état elle ne produit aucun effet et nuit même à la végétation; il faut, dit-il, la semer en poudre sur des sols non mouillés; en outre, comme il y a différentes espèces de chaux qui produisent des effets différents, il est indispensa-

« Une Commission que je vais nommer au chef-lieu du département statuera sur l'admission ou le rejet des produits proposés pour figurer à l'exposition. Ce jury aura en outre pour mission de signaler dans un rapport écrit *les services rendus à l'agriculture ou à l'industrie par des chefs d'exploitation, des contre-maîtres, des ouvriers ou journaliers.* C'est là une innovation qui a pour but de faire participer aux récompenses nationales *tous les agents qui concourent à la production agricole ou manufacturière.*

« Les produits dont l'admission aura été prononcée, etc., etc. »

Il donne ensuite lecture d'une lettre qu'il a adressée le 4 mars à M. Garreau père, pépiniériste à Semur, ainsi conçue..... « Comme il n'est pas douteux que vous avez, depuis plus de cinquante ans, rendu de véritables services à la sylviculture par la propagation des arbres résineux, j'ai le projet de proposer au Comité d'agriculture, dans sa prochaine séance, de demander pour vous au gouvernement une médaille ou une récompense quelconque, veuillez donc, pour me mettre à même d'appuyer cette proposition, me donner les renseignements suivants :

1° Depuis combien de temps vous livrez-vous à la culture des arbres résineux ?

2° Quand l'avez-vous commencée, quel était l'état de cette culture en France, et particulièrement dans le département de la Côte-d'Or ?

3° Depuis cette époque, combien, chaque année, avez-vous bien exporté d'arbres résineux, en moyenne ?

4° Indiquez tous les départements où vous avez fait des envois, et désignez les principaux planteurs qui se sont adressés à vous ?

5° Dites le prix du millier de chaque espèce, de l'âge de un an, deux ans et trois ans ?

6° Ces prix ont-ils varié depuis trente ans ?

7° Quelle a été votre influence sur cette culture dans l'arrondissement de Semur ? Avez-vous eu des concurrents et des imitateurs ?

8° Enfin, donnez-moi tous les détails qui pourront éclairer le Comité sur cette culture à laquelle vous vous êtes livré avec tant de succès ?

Je soumettrai ces renseignements au Comité dans sa séance du 11 du courant. Agréez, etc. »

M. Garreau ayant immédiatement donné ces renseignements, M. le Président a remis les notes à M. Lionnet, vice-président du Comité, qui a bien voulu se charger de les réunir et de faire un rapport au Comité. Voici ce rapport de M. Lionnet :

Messieurs, c'est avec plaisir que je me suis empressé d'accéder au

3

désir de M. le Président et de vous faire un rapport sur la propagation des arbres résineux, qui a fait les succès et la fortune de M. Nicolas Garreau, pépiniériste à Semur. Depuis long-temps j'ai pu apprécier les connaissances pratiques et l'expérience du sieur Garreau en horticulture et en arboriculture. Il m'est facile, à l'aide des notes qu'il nous a remises, de vous faire connaître les éminents services qu'il a rendus en propageant les arbres résineux, propagation à laquelle il se livre depuis le commencement de ce siècle.

A cette époque, la culture des arbres résineux était peu répandue en France. Elle ne s'y faisait que comme objet d'agrément. Le département de la Côte-d'Or ne la connaissait pas, et pendant long-temps je n'ai vu, dans l'arrondissement de Semur, que quelques sapins servant à la décoration de quelques parcs, ou formant les avenues de quelques châteaux, comme à Bierre, près Semur, à Chanteau, près Saulieu ; mais grâce au zèle de M. Garreau, c'est à Semur que cette culture a pris toute l'extension possible.

L'homme modeste dont nous nous occupons a toujours été actif et laborieux, et les infirmités de l'âge ne l'empêchent point encore de se livrer au travail avec toute l'ardeur de la jeunesse. Jeune homme, il voulait s'instruire et il en cherchait toutes les occasions. Il s'enquérait de tout ce qui pouvait lui être utile dans sa profession, et il profitait de tous les enseignements qu'il pouvait prendre auprès des personnes qu'il jugeait plus éclairées que lui.

Il y avait alors à Semur un M. *Potier* qui s'occupait de botanique et de floriculture. Dans un voyage qu'il fit à Paris, il acheta chez Tripet, marchand grainetier, des graines de *pinus strobus*, d'*abies excelsa, pectinata, canadensis et nigra*. Il confia ces graines à Garreau, qu'il avait su distinguer parmi ses collègues. Ce cadeau stimula le zèle du jeune jardinier. Ces graines furent semées dans des pots, et soignées avec attention ; elles poussèrent très-bien. La réussite fut parfaite, et quelques années après ces premiers produits furent vendus 4 fr. 50 cent. le pied à M. de Virieux.

Encouragé par ce succès, Garreau voulut continuer ses essais. Il fit venir des graines de Paris, mais elles ne germèrent pas, soit qu'elles fussent trop vieilles, soit qu'elles fussent altérées. Il s'informa, fit des recherches et apprit qu'il y avait quelques sapins dans le parc de Bierre. Il y trouva quelques jeunes pieds provenant de semis qui s'étaient faits naturellement. Il en obtint de la libéralité du propriétaire, les planta, et ils poussèrent bientôt avec vigueur. Il se décida alors à se livrer activement à cette culture. Il fit des boutures qui réussirent; il recueillit des cônes qui couvraient les anciens sapins, pensant qu'ils devaient contenir la graine, objet de ses recherches. Il en sépara cette graine tant désirée, la sema en pleine terre; et, comme elle leva très-bien, le succès de l'entreprise ne fut plus douteux pour lui.

Pendant dix ans environ, il ne put étendre son opération, étant obligé de ne cultiver que la même espèce, parce qu'il manquait d'autres graines. Cependant, avec de la persévérance, cette petite culture sortit de ses limites; elle s'étendit, et des succès bien mérités en furent le résultat. Le pépiniériste se procura, dans divers pays, les variétés qu'il regardait comme les plus utiles, et son industrie prit dès-lors un immense développement.

On doit reconnaître qu'il fut favorisé par la nature des terrains qu'il avait à sa disposition, terrains meubles et profonds, légers, assis sur le granit dont ils sont une sorte de détritus mêlé à une certaine quantité d'humus, où les graines de ces dicotylédones trouvent les conditions les plus favorables à leur développement, où elles peuvent faire pénétrer et étendre leurs racines avec la plus grande facilité. Il ne faut pas croire que tous les sols de l'arrondissement soient propres à cette culture. Ceux qui sont calcaires et marneux ne peuvent y être employés; mais dans les cantons granitiques de Précy et de Saulieu le succès serait certain. C'est dans des sols de cette nature que Garreau a établi ses pépinières d'arbres verts ou résineux. On y voit des pins de toutes espèces, le pin sylvestre, *pinus sylvestris;* le pin d'Ecosse, *pinus rubra;* le pin laricio, le pin maritime, *pinus pineaster;* le pin Weymouth, *pinus strobus;* des sapins variés, le sapin argenté ou sapin commun, *pinus picea;* le sapin de Norvège, épicea, *pinus abies;* le sapin du Canada, *pinus Canadensis,* etc.; des mélèzes et même des cèdres du Liban, ainsi que d'autres variétés d'arbres de ces essences recherchées pour leur utilité et leur agrément.

Dix années d'essais faits avec bénéfice stimulèrent le zèle de notre arboriculteur. Sa correspondance, ses registres qu'il nous a communiqués, constatent que depuis trente ans la moyenne de ses ventes a été au moins de quatre cent mille pieds d'arbres résineux par chaque année; qu'il a répandu ces arbres utiles dans vingt-trois départements, sans y comprendre quelques faibles envois faits dans plusieurs autres. Il est inutile de citer les noms de tous les planteurs qui se sont adressés à Garreau. Nous nous contenterons de mentionner quelques-uns de ceux du département de la Côte-d'Or: MM. Lambert et Rousselet, à Villaine-

en-Duesmois; de Gerval, à Boullenois; Bazile et maître Humbert, à Châ
tillon-sur-Seine; de Virieux, à Lantilly; Bottot de Saint-Sauveur, à
Darbois; Couturier, à Ampilly; Perriquet, à Dijon; Couhin, au Petit-
Jailly; Bonnet, à Champmoron; Heudelet père et fils, à Bierre; Rousselet, à Saint-Remy; de Montberot, à Nogent; Sallier et de Montalem-
bert, à la Roche-en-Brenil; Rameau, à la Chaleur; Chambellan-Fra-
pillon, à Dijon; la duchesse de Saulx-Tavannes, Garnier-Renviot et Ja-
cotot, pépiniériste à Dijon, etc., etc.

Les succès de Garreau ne pouvaient manquer d'exciter l'émulation
parmi les jardiniers, ses confrères; bientôt il a eu des imitateurs parmi
lesquels on peut citer Antoine Garreau, son fils; Champenois, son gendre; Marsigny-Delamaison, membres du Comité d'agriculture; Hurey,
l'un de ses ouvriers, et Delnot. Mais celui qui lui a toujours fait la concur-
rence la plus active et qui, il faut le reconnaître, a aussi contribué à propager la culture des arbres résineux, est le sieur Leclair, jardinier pépiniériste à Semur, décédé depuis quelque temps. Aujourd'hui, quelques
jardiniers de Dijon, les sieurs Rochefort, d'Avallon, Nolot, de Châtelux,
Fricot, de Nevers, et d'autres encore, soutiennent utilement cette con-
currence, et se sont procuré par ce commerce une honnête aisance.

Les prix de vente, comme on le pense bien, ont dû varier à mesure
que cette industrie s'est développée. Il résulte de nos recherches : 1° que,
dans les dix premières années, chaque sujet s'est vendu de 2 fr. 50 c. à
4 fr. 50 c.; 2° que, dans les dix années suivantes, les prix moyens ont
été de 30 fr. le mille; 3° que, maintenant, ceux d'un an se vendent 1 fr.
50 c. le millier; ceux de deux ans non repiqués ou restés en planches,
4 fr.; ceux qui ont été repiqués ou replantés depuis un an, 5 fr.; et
enfin, ceux de l'âge de trois ans se vendent 6 fr. On conçoit que ces prix
doivent encore varier selon l'espèce de ces arbres : que les pins du lord
Weymouth se vendent plus cher que les pins sylvestres, les mélèzes
plus cher que les épiceas, et enfin, les cèdres du Liban bien plus cher
que toutes les autres espèces.

D'après ces renseignements et les détails dans lesquels je viens d'entrer, le Comité doit connaître suffisamment les travaux du sieur Garreau,
que chacun de ses membres a depuis longtemps appréciés. Il n'y a pas à
hésiter, nous le pensons, à recommander d'une manière toute particulière M. Garreau à la commission départementale nommée par M. le
Préfet, et par suite à M. le Ministre de l'agriculture, pour lui faire obtenir la récompense due à ses utiles travaux.

Signé, LIONNET, *Vice-Président du Comité.*

der quelles seraient les mesures à prendre pour accélérer, autant que possible, la construction des barrages de Pont et de Flavigny, qui doivent servir de base aux irrigations des principales vallées de notre arrondissement.

Ensuite M. le Président donne lecture d'une lettre de notre collègue Malinowski, professeur au collège de Semur, par laquelle ce dernier propose de professer un cours spécial d'irrigation dont le but serait d'initier les jeunes gens de notre pays aux procédés de cet art utile. M. Malinowski, tout en déposant le programme de ce cours, ajoute quelques observations complémentaires pour prouver que la nécessité d'alimenter le canal de Bourgogne pourra être entièrement favorable à l'établissement des irrigations agricoles dans les vallées de l'Armançon et de la Brenne. Le Comité approuve le projet de M. Malinowski, et l'autorise à ouvrir son cours dans la salle de ses séances.

PROGRAMME DU COURS DE M. MALINOWSKI.

1re *Leçon*. — Préambule. — Utilité des irrigations. — Pays dans lesquels cet art a été le plus pratiqué. — Connaissances préliminaires nécessaires à celui qui veut s'occuper avec fruit de cette étude.

2e *Leçon*. — Connaissances du terrain. — Quelques notions sur la Minéralogie. — Corps simples. — Corps composés. — Silice. — Alumine. — Chaux. — Gypse. — Marne. — Tourbe, etc.

3e *Leçon*. — L'eau. — Les propriétés et les caractères de la bonne eau. — L'action de l'eau sur la végétation. — L'eau animalisée. — Appareil de M. Batailler, qui sert pour dissoudre les matières destinées à animaliser l'eau des irrigations. — Quantité d'eau nécessaire pour irriguer la surface donnée du terrain, eu égard à la nature du sol.

4e *Leçon*. — Observations générales sur les irrigations et sur les sols de différentes natures. — Terrains marneux. — Terrains sablonneux. — Terrains graveleux. — Terrains calcaires. — Terrains marécageux et bourbeux.

5e *Leçon*. — Assainissement du sol. — La nécessité de cette opération. — Plusieurs cas qui s'y présentent.

6e *Leçon*. — Etude du nivellement. — Instruments employés pour trouver la différence du niveau de deux points. — Nivellement simple. — Nivellement composé. — Calcul des côtes.

7e *Leçon*. — Continuation du même sujet. — Profil en long. — Profil en travers. — Calcul des remblais et des déblais, appliqué au nivellement des prairies.

les hommes même éclairés ont à peine quelques idées nettes sur les bien-
faits des irrigations, où il n'y a pas d'agents irrigateurs ou construc-
teurs de prairies, capables de les diriger et de dresser des plans d'irrigations, où il n'y a pas d'ouvrages populaires sur cette matière, il y
aura bien des tâtonnements et des mécomptes qui ne permettront pas
de profiter immédiatement de tous les avantages que la création du réservoir et le creusement des rigoles pourront assurer au pays; toutefois,
les personnes les plus capables de juger la question croient que la mieux
value des prés serait de 1,800 à 2,000 francs par hectare, et de 72 francs
de revenu net. Elle serait à peu-près la même pour les terres labora-
bles, à cause de la facilité qu'on aurait de les convertir en prairies, et
d'y cultiver des plantes et des racines qui ont plus de valeur que les céréales. D'autres personnes pensent que la valeur et les revenus des propriétés pourraient *doubler* par une irrigation bien entretenue et que très-
probablement cette évaluation serait *encore bien au-dessous de la vérité*,
quand l'expérience aurait appris à tirer des eaux tout le parti possible.

4e *Question.* — Quelle est l'étendue approximative que couvrent les
inondations de l'Armançon, entre Genay et Athie, dans une période de
dix ans, par exemple, et quel est le dommage moyen annuel causé aux
récoltes par les inondations?

Réponse. — Il n'est guère facile de donner des renseignements bien
exacts sur cette question. Les profils du sol que possède M. Collin le
mettent à même de faire facilement le calcul de la surface inondée, sa-
chant d'ailleurs que le maximum de l'inondation est à Semur d'environ
4 mètres au-dessus de l'étiage. Cependant, des renseignements pris, il
résulte que l'inondation de l'Armançon ne commence guère à se produire que vers le moulin de Bocaveau, à 2 kilomères au-dessus de Viserny. Elle s'élargit bientôt; et, un peu au-dessus de Viserny, elle a une
longueur de 7 à 800 mètres au moins, en s'étendant sur la rive gauche.
elle se rétrécit vis-à-vis du moulin de Flamerey, au-dessous de Viserny;
Là, elle a environ 300 mètres d'étendue; elle conserve à-peu-près cette
largeur jusqu'au moulin d'Athie. A partir de là, elle s'étend sur la rive
droite et atteint une largeur de 4 à 500 mètres; elle se rétrécit au-dessous d'Athie jusqu'au moulin Saint-Jacques, puis elle s'élargit de nouveau sur la rive gauche, et peut être encore de 400 à 500 mètres, largeur qu'elle conserve sensiblement jusqu'à Buffon.

Ces inondations sont causées non-seulement par les eaux du haut
Armançon, mais encore par celles de deux ruisseaux qui viennent se dé-
charger dans cette rivière, à peu de distance l'un de l'autre, près du

ble de bien les connaître si l'on veut obtenir un résultat satisfaisant. Les substances calcaires sont loin de toujours réussir ; elles conviennent aux sols qui n'ont pas déjà en excès ces combinaisons, comme par exemple aux sols sablo-argileux, aux sols humides et froids ; dans ceux où l'on ne recueille que du seigle, des pommes de terre et du blé noir ; aux sols tourbeux, en amenant la décomposition des substances végétales qui les forment. Elles ne conviennent nullement au contraire dans les terrains marneux et dans ceux dont l'élément calcaire est le plus abondant ; dans ceux-ci la chaux détruit l'humus et les rend incultes.

M. Galotte rapporte qu'à Bourbilly il a vu mettre dans des terres froides huit tonneaux de chaux et beaucoup de fumier ; il affirme que la récolte dans cet endroit a toujours été, depuis, beaucoup plus belle qu'ailleurs.

Après ces quelques développements, M. le Président engage M. Delaferrière à tenter l'essai qu'il vient de proposer, et une Commission, composée de cinq membres, est nommée : ce sont MM. Court, Chanson, Cortot, Gauthier, Marchand et Lionnet.

Séance du 3 mars 1850.

Emploi du Sel en agriculture. — Le Président donne lecture d'une lettre de M. le Ministre de l'agriculture et du commerce, relative à l'emploi du sel en agriculture comme amendement, et demande aux membres présents à la séance si quelques-uns d'entre eux en ont déjà fait emploi ; ils répondent tous qu'ils ne s'en sont jamais servi, et qu'ils ne connaissent personne dans l'arrondissement qui se soit livré à cet essai. D'après une lettre de M. le Préfet du département, cette réponse devait être faite dans la quinzaine : le Comité n'ayant pu être réuni, le Président a donné connaissance de la réponse qu'il avait faite, et qui a été unanimement approuvée.

Voici cette réponse :

M. le Sous-Préfet,

Il m'est facile, dès aujourd'hui et sans avoir consulté les membres du Comité d'agriculture, de répondre à votre lettre du 15 du courant, par laquelle vous me demandez, si depuis la réduction de la taxe sur le sel de cuisine, des agriculteurs ont fait emploi, pour l'amendement des terres, de sel soumis au droit de consommation, et quelle est l'influence que la qualité actuelle a paru exercer sous ce rapport.

J'ai déjà proposé plusieurs fois au Comité d'agriculture de faire des expériences sur l'emploi du sel dans le régime hygiénique et alimentaire des animaux, pour la conservation des fourrages, pour la neutralisation de l'action malfaisante de ceux qui sont avariés, comme antidote et préservatif de certaines maladies, enfin comme pouvant servir pour amender les terres, soit en le répandant sur le sol, soit en le mêlant à d'autres substances, dans des compots, en proportions convenables.

Dès long-temps, M. le Sous-Préfet, beaucoup de nos cultivateurs ont fait entrer le sel dans l'alimentation des animaux et en ont reconnu les bons effets. Mais je ne sache pas qu'aucun d'eux s'en soit jamais servi comme amendement, quoique plusieurs parmi eux n'ignorent pas les succès obtenus des expériences faites par des chimistes et des agronomes distingués, qui ont voulu s'éclairer à ce sujet, et les faits pratiques qui constatent l'influence du sel sur certains terrains en état de prairies ou de labour ; mais aucun d'eux, jusqu'ici, n'a fait ces essais, et voici pourquoi : c'est que ces expériences, ces observations pratiques ne sont point encore assez répandues pour que les résultats en soient bien appréciés ; c'est que nos cultivateurs ne sentent pas encore le besoin de l'instruction agricole, qu'ils ne lisent pas de journaux qui puissent les instruire et leur faire comprendre les avantages des nouvelles méthodes et des récentes découvertes ; c'est que, depuis deux ans surtout, ils éprouvent une gêne telle, qu'ils ne peuvent faire aucune économie qui les mettrait à même de tenter quelques essais ; et que, loin de là, tous, sans exception, ne peuvent suffire aux besoins de première nécessité, et bien moins encore satisfaire à leurs engagements.

Dans ces circonstances, il n'en ait pas un qui ait pu sortir de son épargne vingt francs pour jeter dans un champ d'expériences cent kilogrammes de sel.

Ainsi, la qualité de la terre n'a pu exercer aucune influence sur l'emploi du sel comme amendement. Les circonstances si malheureuses dans lesquelles se trouvent l'agriculture et ses ouvriers sont les seules causes qui se soient opposées aux essais qui auraient pu être faits dans nos localités. ...

Agréez, etc.

Après cette lecture, M. Baud, de Marigny, fait observer que l'on ne parviendra que difficilement, dans nos contrées, à faire adopter l'emploi du sel pour amender la terre, surtout si le gouvernement ne vient pas en aide aux personnes qui voudraient se livrer à ces expériences.

M. Rémond répond que le gouvernement en avait fait la proposition il y a trois ans, lorsque le sel valait encore cinquante centimes le kilogramme dans un pays, et que personne n'a accepté la proposition, à cause des frais de transport et autres qui devaient rester à la charge des impétrants; il donne ensuite lecture d'une circulaire ministérielle qui indique cet emploi, et de la brochure de M. Girardin, de Rouen, qui y est relative.

M. Guyot, de Gissey, dit qu'il fera cette année des expériences sur cette matière, et qu'il en rendra compte au Comité.

Projet de distribution de Primes pour 1852. — La question de distribution des primes pour 1850 est mise à l'ordre du jour.

A cette occasion, M. Guyot dit qu'il serait peut-être plus convenable de distribuer l'argent que l'on destine à l'encouragement de l'amélioration des bêtes bovines à l'acquisition d'animaux améliorateurs, ce qui ramène M. le Président à parler de la race de Durham, et il croit qu'il faudrait en introduire dans l'arrondissement. M. Lionnet observe, comme il l'a toujours fait, qu'il faut laisser introduire cette race par l'industrie particulière, qui saura l'apprécier à sa juste valeur; il pense qu'elle convient peu à nos contrées qui veulent du travail et du lait, et que ces croisements n'ont pas toujours été suivis de succès, que pour bien juger cette question il faudrait connaître exactement le prix de revient d'un bœuf de cette race amenée à son plus haut point d'engraissement, que jusque là la question n'est pas jugée pour lui; il cite les opinions de M. Delafont, relatives à ces croisements avec la race du Nivernais, croisements qui n'ont pas été favorables à cette dernière race. M. Corlot, vétérinaire, fait observer qu'elle ne convient pas à toutes nos localités, qu'il lui faut des pâturages abondants, et par conséquent une nourriture convenable. Abondant entièrement dans les idées de M. Lionnet et dans celles exprimées par M. Delafont, il dit qu'il en a parlé à plusieurs éleveurs de la Nièvre et de l'Yonne, qui n'ont pas eu à se louer de ce croisement, parce qu'ils ont plutôt détérioré leur race déjà améliorée qu'ils ne lui ont fait faire des progrès, et qu'ils l'ont entièrement abandonnée.

Au surplus, fait observer M. le Président, le Comité ne peut s'en occuper, parce que ces animaux sont très-chers et que ses fonds ne lui permettent pas d'en tenter l'essai; que cependant, si quelque propriétaire voulait le faire, le Comité ferait ce qui lui serait possible pour venir à son secours.

Cette discussion terminée, on s'occupe définitivement de la distri bution des primes en 1850. Elles seront les mêmes qu'en 1859, mais le programme sera ainsi modifié :

1° On ne donnera point de primes aux moutons, mais au plus beau lot d'agneaux de l'année ;

2° Une prime de plus aux garçons de charrue ;

3° Aux taureaux qui auront mis deux grosses dents, et à ceux qui n'en auront point encore montré ;

4° Le Comité nommera les membres des Commissions à la majorité des suffrages et par bulletin secret. Ces membres pourront être pris partout où le Comité le jugera convenable ; il n'y aura que trois membres par chaque Commission.

On passe ensuite à la question des irrigations dans l'arrondissement. Cet art si important est encore presque inconnu dans notre pays, mais le moment ne paraît pas éloigné où le gouvernement donnera une forte impulsion à cette industrie.

Un service spécial d'irrigation pour le département de la Côte-d'Or vient d'être établi ; M. le ministre des travaux publics a confié sa direction à M. Collin, ingénieur en chef du canal de Bourgogne, connu déjà dans notre département par un long exercice des fonctions d'ingénieur.

M. le Président donne lecture d'un raport fait par M. Collin au Conseil général du département, rapport dans lequel cet ingénieur propose l'établissement de plusieurs réservoirs devant contenir l'eau nécessaire pour l'alimentation du canal de Bourgogne, et pour les irrigations. Spécialement pour l'arrondissement de Semur, M. Collin propose l'établissement de deux grands réservoirs, dont le premier situé à Pont, en amont de Semur, fournirait l'eau nécessaire aux usines voisines de cette ville, et pourrait servir à l'irrigation de prairies dans les communes de Viserny, de Buffon et de Rougemont, tandis que le second réservoir, situé près de Flavigny, rendrait un service analogue à la vallée de la Brenne.

La première idée du réservoir de Pont est due à M. Corrot-Carré, notre concitoyen et membre du Comité. Et comme le Comité doit nommer une Commission pour étudier les irrigations et s'entendre avec M. l'ingénieur Collin, relativement à cette question si grave pour les intérêts agricoles de notre arrondissement, M. Corrot-Carré doit nécessairement faire partie de cette Commission, qui est constituée à l'instant même, et qui se composera : 1° de MM. Court, 2° Corrot-Carré, 3° Martin, 4° Boucault, 5° Malinowski, 6° et Lionnet. Cette Commission est autorisée à se mettre en rapport direct avec M. Collin, afin de lui deman-

moulin de Flammerey. L'un, appelé le ruisseau de la Louesme, descend des hauteurs de Pouligny; l'autre, appelé le ruisseau de la Prée, vient des villages de Jeux, Bard et Corrombles. Ces deux ruisseaux, qui ont un lit très-étroit et très-sinueux, sont à sec une grande partie de l'année; mais si de grandes pluies surviennent, ils s'enflent prodigieusement, et quand les eaux de l'Armançon y concourent, tout le bassin de Viserny n'est bientôt plus qu'une vaste nappe d'eau. L'on conçoit que quand l'eau de l'Armançon pourra être arrêtée par le grand barrage de Pont et par le petit barrage de Genay, celle de ces deux ruisseaux aura le temps de s'écouler, et on aura moins de dommages à redouter, surtout si par des travaux faciles et simples qui ajouteraient peu à la dépense totale on rectifiait et élargissait le lit de ces ruisseaux.

Quant aux dommages que ces inondations causent aux terres et prés dans cette partie du parcours de l'Armançon, ils ne sont pas aussi considérables qu'on pourrait le croire. Les inondations de l'hiver sont plus utiles que nuisibles aux prairies, et ne causent que peu de dommages aux terres, à moins qu'il n'y ait une pente un peu forte. Les champs ensemencés n'en souffrent pas beaucoup; on voit fréquemment de beaux blés dans les lieux où l'eau a séjourné.

Les inondations du printemps sont plus dommageables, comme on peut le croire, à cause de la vase qu'elles déposent sur les prairies; mais il arrive quelquefois que l'eau reste limpide et que les foins ne sont pas sensiblement altérés. Dans l'espace de dix ans, on compte à peine deux inondations vaseuses qui ont sali l'herbe des prairies. Cependant, il y a dommage, et des observateurs attentifs pensent que si ces inondations pouvaient être complètement empêchées, il y aurait bénéfice, pour le pays, de quelques mille francs, en moyenne, par an, soit 5,000 francs.

5ᵉ *Question.* —Quelle est la mieux value en argent que procurerait aux usines situées entre Pont et Aisy l'écoulement d'un volume d'eau capable de faire cesser le chômage de ces usines pendant les mois de juillet, août, septembre et octobre, en d'autres termes, quelle est la somme annuelle moyenne que représenterait pour chacune des usines la suppression du chômage d'été et d'automne?

Réponse. — Les principales usines sont des moulins et des huileries. Les moulins travaillent pour le commerce et pour les particuliers. On évalue la mieux value, que la cessation du chômage donnerait à ces usines, à 225 francs de revenu par paire de meules, ce qui augmenterait leur valeur vénale d'un tiers au moins. Non-seulement les usiniers gagneront à l'amélioration projetée, mais le pays tout entier en tirera

4

avantage; car on ne sera plus obligé d'aller au loin faire moudre les grains, comme on est forcé de le faire presque tous les ans, dans l'état de choses actuel.

M. Collin fait remarquer avec raison, dans sa lettre, qu'il paraît équitable de faire intervenir les usiniers dans cette question importante, car ils profiteront des eaux du réservoir. Or, chaque intéressé doit contribuer à l'œuvre dont il s'agit.

En effet, les usiniers et les propriétaires des terrains susceptibles d'être irrigués devraient contribuer volontiers aux travaux à faire puisqu'ils en retireraient de grands avantages; Mais pour leur en faire la demande, le moment n'est pas opportun. Les affaires sont dans une telle souffrance, le commerce languit à un tel point, qu'ils sont excessivement gênés, et qu'ils ne pourraient guères faire de sacrifices. Toutefois, on pourrait appeler leur concours, faire circuler parmi eux une liste de souscription, et bien qu'on ne puisse s'attendre à un grand résultat, on doit croire qu'ils seraient assez bien inspirés, qu'ils comprendraient assez leurs intérêts pour offrir des sommes qui favoriseraient l'exécution de l'entreprise.

Les propriétaires ne sont pas dans une meilleure position; les intérêts agricoles sont trop en souffrance, le blé se vend à trop vil prix; les impôts sont si lourds, que leur concours pécuniaire à la construction du barrage et à l'établissement des rigoles, est loin d'être assuré.

Les habitants des campagnes, en général, ne comprennent pas toute l'importance des irrigations; il faut qu'ils soient éclairés à cet égard, et c'est pour cela que le Comité d'agriculture a créé un cours spécial d'irrigation sur lequel il se propose d'appeler l'attention du Conseil général et du gouvernement.

Quand ce cours aura porté ses fruits, quand les améliorations du sol par les irrigations seront bien comprises par les cultivateurs, c'est alors qu'on pourra leur demander des sacrifices pécuniaires.

Pour encourager ces sortes de travaux, au lieu de demander, il faudrait accorder des primes, exonérer de l'impôt, récompenser par tous les moyens possibles les efforts qui seraient faits dans ce but. L'Etat, plus tard, retirerait aussi de grands avantages des merveilleux résultats qui seraient obtenus. C'est à lui qu'il appartient de favoriser tout ce qui peut augmenter la production et développer la richesse publique, et dans toutes les classes de la société l'aisance qui en est la suite. C'est donc à l'Etat, au département, et peut-être aussi aux communes riches et intéressées qu'il faut demander les ressources nécessaires pour mener

À bien l'œuvre si utile de la création du réservoir de Pont et des rigoles d'irrigation de Genay, œuvre pour laquelle le Comité d'agriculture ne cessera d'employer toute son influence et dont il désire la prompte exécution.

Ont concouru au présent rapport MM. Rémond, président du Comité d'agriculture, Lionnet, vice-président, Martin, secrétaire; Court, Boucault, Corrot-Carré, Malinowski, membres du Comité et de la Commission d'irrigation.

· Dans la séance du 11 août 1850, M. le Président donne lecture d'une lettre de M. Collin, ingénieur du service hydraulique. Cette lettre accompagne la copie d'une proposition que M. Collin a faite le 4 courant au Comité central d'agriculture de la Côte-d'Or, laquelle a pour but de venir en aide à l'organisation du service hydraulique agricole. Elle a été adoptée par le Comité central de Dijon.

La question est soumise au Comité de l'arrondissement de Semur :

M. Baudier dit qu'il n'y a pas utilité à changer l'organisation actuelle du service hydraulique, qu'après la confection du barrage de Pont et des deux rigoles d'arrosement, deux employés subalternes suffiront pour assurer le service. Un autre pense que le service hydraulique devrait être rattaché à l'administration des ponts-et-chaussées, sauf à créer deux ou trois conducteurs de plus. Les autres membres disent que les irrigations sont de la plus haute utilité; ce qui, d'ailleurs, n'est contesté par personne; que dès-lors un service spécial est tout-à-fait indispensable.

Le Comité, après avoir délibéré, émet le vœu formel que le ministre du commerce et de l'agriculture contribue à l'augmentation du personnel du service hydraulique pour une somme de 4,900 francs sur l'exercice 1851, et le Conseil général pour une somme de 6,575 francs; décide en outre que copie de la présente délibération sera transmise à M. le Préfet, en double expédition, dont l'une sera adressée, par les soins de ce magistrat, au ministre de l'agriculture et du commerce, et l'autre au Conseil général du département à sa prochaine session.

Séance du 7 avril 1850.

Vente des Grains au poids ou à la mesure.

M. le Président donne lecture d'une lettre de M. le Préfet, en date du 20 mars 1850, relative au *pesage des grains.* M. le Préfet rappelle, dans cette lettre, qu'on a plus d'une fois demandé que la vente au poids fût substituée à la vente à la mesure et rendue obligatoire sur les marchés, et il fait remarquer que ce régime spécial ne pourrait être introduit que par une loi. Il demande : 1° S'il serait convenablement apprécié dans l'état actuel des habitudes du pays? 2° S'il n'y aurait pas aujourd'hui inconvénient à l'établir, même en accordant un long délai pour sa mise en vigueur? 5° Si on ne devrait pas d'abord y préparer la population, et alors quelles dispositions il conviendrait de prendre? 4° S'il ne serait pas utile que le poids annuel des grains fût rappelé dans chaque mercuriale à côté des prix de l'hectolitre et que ce renseignement officiel fût toujours affiché dans les marchés, et que surtout le public trouvât sur le lieu même les plus grandes facilités pour le pesage des grains?

Pour répondre à ces questions, le Président rappelle que le Comité s'en est déjà préoccupé, et il donne lecture d'un rapport de M. Lionnet, vice-président du Comité, sur le même objet, fait à la séance du 10 mai 1840. La discussion s'engage. MM. Court et Corrot-Carré, dont les moulins travaillent pour le commerce, sont d'avis qu'il est préférable de vendre et d'acheter au poids; que c'est là le meilleur mode d'appréciation de la valeur d'une quantité donnée de grains. Ils ne se dissimulent pas, toutefois, que le pesage dans les petits détails entraînerait des embarras et des longueurs. M. Lionnet insiste surtout sur cette dernière considération. La plupart des membres sont frappés des inconvénients qu'il signale. M. Droubin croit qu'on s'exagère les difficultés. M. Galotte craint que le mode de pesage ne soit nuisible aux agriculteurs. M. Collenot parle à peu près dans le même sens et dit que la question est complexe, attendu que la valeur des grains ne dépend pas seulement de leur poids, mais encore de leur qualité. Plusieurs membres font observer que l'acheteur saura toujours bien apprécier la qualité spéciale, qui est indépendante du poids. D'autres font remarquer que la fraude deviendrait facile dans l'usage des instruments généralement employés pour le pesage, et rappellent l'examen fait de cette question dans la séance du 10 mai 1840 : on y signalait les inconvénients attachés au mesurage par la capacité, inconvénients qui tiennent à ce que les mesures de capacité, de quelque matière qu'elles soient, varient avec le temps par l'effet des influences atmosphériques; à ce que la précision de la racle ou du rouleau ne peut être exacte et dépend de la manière de s'en servir; à ce que les mesureurs peuvent employer une foule de petites ruses pour favoriser l'acheteur ou le vendeur; et, par ces considérations, le Comité paraissait donner la préférence à la méthode du pesage des grains à l'aide de la balance-bascule. Aujourd'hui, comme alors, on demande si la supériorité de la balance-bascule est bien incontestable, et on fait remarquer qu'avec cet instrument on pèse dix livres avec une livre; que, dès-lors, les erreurs inévitables dans tout ce qui est expérimental seraient multipliées par dix; que le moindre changement dans la longueur du court-bras de levier et le simple défaut d'horizontalité apporteraient dans la pesée des erreurs considérables dont il serait difficile d'être averti et dont la mauvaise foi saurait profiter. Qu'en outre, il faudrait peser le sac vide et le sac plein; que, par conséquent, les deux erreurs pourraient s'ajouter, et qu'il se trouverait certainement des gens qui ne manqueraient pas de les faire tourner à leur profit. Pour juger du mesurage au double décalitre, il ne faut que des yeux, tandis qu'avec la balance-bascule il est facile de tromper, surtout les personnes qui ne comprennent pas le mécanisme de cet instrument.

On fait remarquer que si, pour éviter ces inconvéniens, on employait la balance ordinaire à bras égaux, il y aurait embarras et difficulté pour transporter et suspendre convenablement une pareille machine qu'il faudrait nécessairement multiplier dans les marchés, où l'on ne trouverait pas toujours la place convenable pour la poser.

Par toutes ces considérations, le Comité est d'avis, à la majorité de 18 voix contre 2, qu'il est désirable que les achats de grains de quelque importance soient faits au poids, mais que le pesage doit rester facultatif ainsi que le mesurage, surtout dans les marchés publics, et qu'il n'y a pas lieu de changer par une loi l'état de choses actuel.

A la suite de cette délibération, expédiée et adressée à M. le Préfet, le 24 mai, pour compléter les renseignements demandés, le Président a cru devoir ajouter les observations suivantes, qui ont reçu l'approbation du Comité :

« Le mesurage des grains existe de temps immémorial dans le commerce et sur les marchés de l'arrondissement de Semur. Ce n'est que depuis quelques années que les marchands en gros ont presque forcé les détenteurs de blé à vendre au poids plutôt qu'au double décalitre, ou mieux, à vendre au double décalitre, mais d'un certain poids *garanti*. C'est parce qu'ils trouvaient à ce mode de livraison un avantage notable. En effet, ils exigent, quand on mesure, que le double décalitre pèse 31 livres, ou 15 kilog. 5 hect., tandis que le poids moyen de nos blés est seulement de 15 kilog. Il faut que le cultivateur cède à cette exigence, sous peine de voir diminuer le prix de 10 ou 15 centimes, dans les temps surtout où les blés sont peu demandés. Souvent encore les

achats en gros se font à raison de *tant* pour 100 kilog., mode bien préférable à l'autre, substitution véritable du pesage au mesurage. Mais jamais, dans les marchés de nos pays, l'acheteur en détail n'a demandé
que le grain lui fût livré au poids. Les habitudes du pays s'y opposent
et lutteraient long-temps contre ce mode de livraison. Il y aurait même
de grandes difficultés, sinon impossibilité, de l'établir dans certains marchés. Là, vingt-cinq ou trente vendeurs de grains, et quelquefois un plus
grand nombre, sont placés dans la halle, près les uns des autres. Il y a
souvent à peine un espace suffisant pour la circulation des acheteurs,
qui sont nombreux et qui se pressent autour des vendeurs. S'il fallait
que le marchand pesât ou fît peser le sac de l'acheteur, puis ce sac avec
le grain dedans; qu'il fît chaque fois le calcul de ce qui lui serait dû;
ou bien, s'il fallait que chaque marchand eût à sa disposition une balance ou une bascule pour peser le grain demandé, ne serait-il pas à
craindre que de nombreuses erreurs fussent commises par ces calculs,
que les mouvements de la balance ne fussent entravés par la foule, que
l'étendue de la halle ne suffît pas au placement de tous ces instruments, et que le temps que dure le marché ne pût suffire à toutes ces
opérations? Les erreurs seraient faites le plus souvent au préjudice des
acheteurs, et il pourrait en résulter des rixes qui troubleraient l'ordre.
Il y aurait encore un autre inconvénient à forcer à adopter ce mode de
livraison : il serait à craindre que les vendeurs de grains, gênés dans leurs
habitudes, ne désertassent les marchés, et que les populations n'eussent
à en souffrir. Ce sont toutes ces considérations qui ont amené le Comité
à dire qu'il n'y avait pas lieu de changer, par une loi, le mode actuel.

« Cependant, tous sont d'accord pour reconnaître qu'il serait à désirer
que le pesage fût substitué au mesurage, et qu'il pourrait être utile que
le poids légal annuel des grains fût connu de tout le monde, rapporté
dans chaque mercuriale à côté du prix de l'hectolitre, et que ce renseignement fût toujours affiché dans les marchés. Si des facilités pour le
pesage étaient données, il se pourrait que quelques uns des vendeurs et
des acheteurs voulussent en profiter, et que peu à peu ce mode fût adopté
par les uns et les autres; mais il faudrait se bien garder de rien préci-
piter. Il faudrait laisser pendant long-temps la liberté entière aux transactions; il faudrait apporter une grande équité dans l'établissement du
poids légal ou du poids moyen des blés; que ce poids variât selon les
qualités des grains. Il y a des grains de bonne, de médiocre, ou de mauvaise qualité; ce ne sont pas toujours les meilleurs qui sont présentés sur
les marchés, et l'acheteur ne pourrait exiger, pour une même conte-

nance, un poids de blé médiocre égal au poids légal, s'il avait été fixé avec des blés de bonne qualité.

« L'établissement de *peseurs jurés* serait un obstacle aux transactions dans nos petits marchés. Y en aurait-il un près de chaque vendeur? Cela serait impossible. N'y en aurait-il que deux ou trois dans chaque halle? Mais ils ne pourraient suffire aux livraisons; on se presserait autour d'eux, il y aurait des luttes, et des malheurs en seraient la suite.

« Il faut avoir une grande prudence pour innover dans tout ce qui touche aux subsistances. Le mieux y est souvent l'ennemi du bien. C'est à la puissance du temps qu'il faut s'en rapporter pour les améliorations. »

Séance du 11 août 1850,

PISCICULTURE.

M. Boucault communique au Comité le résultat des expériences qu'il a entreprises sur la fécondation des poissons. Voici ce qu'il dit à cet égard :

« J'ai, dans ma propriété de Villenotte, deux bassins, dont l'un a quatre mètres carrés sur un mètre de profondeur, qui est muré à pierres sèches, mais ayant une coupure qui permet à l'eau de s'étendre en montant sur le sol, qui est entouré de gazon; il est alimenté par un conduit plein en pierres; l'eau n'y manque jamais.

« L'autre bassin est muré; il a deux mètres de largeur sur six de longueur et deux de profondeur, avec un retrait de vingt centimètres de large; il est alimenté par une source qui ne tarit jamais, mais qui s'affaiblit beaucoup en été.

« Le 11 mai 1849, j'ai acheté deux carpes pesant environ un kilogr. et demi chacune, l'une mâle et l'autre femelle, ou, suivant l'expression vulgaire, une laitée et une œuvée. Je les ai éventrées vivantes. J'ai pris les œufs de la femelle : je les ai divisés autant que je l'ai pu; je les ai mis dans un vase en terre contenant un peu d'eau. Puis, ensuite, j'ai extrait les organes sexuels (*laitance*) du mâle; je les ai pressés et divisés dans un autre vase, avec un peu d'eau. Quelques minutes après cette opération, j'ai mis les œufs dans mes deux bassins: alors, j'ai, avec une grande cuillère, jeté à la volée la laitance préalablement délayée, en ayant soin, toutefois, de la jeter dans les parties des bassins qui étaient les plus rapprochées de la terre, et sur l'un des bassins dont la partie postérieure n'étant recouverte que de quelques centimètres d'eau, était susceptible de recevoir plus de chaleur.

« J'avais abandonné cette expérience à la nature ; mais, au bout de vingt jours, mon jardinier me fit remarquer une grande quantité de petits poissons longs d'un centimètre et larges de deux millimètres. Je reconnus parfaitement les carpes à leurs écailles brillantes et à leurs mouvements prompts, enfin à tous leurs autres caractères zoologiques ; j'eus même beaucoup de peine à en prendre quelques-unes, que je conservai pendant quelques jours dans une fiole. Ces cyprins ont prospéré, quoique leur alimentation fut très-bornée. Six mois après leur naissance, ils avaient dix centimètres de longueur.

« Je n'ai pas renouvelé l'expérience, parce que mes bassins étaient déjà trop peuplés, et que d'ailleurs j'étais satisfait. »

Le Comité reçoit cette communication avec plaisir. Il félicite M. Boucault de sa réussite ; il l'engage à continuer ses expériences sur la pisciculture, expériences d'autant plus intéressantes qu'elles servent à confirmer celles qui ont déjà été faites sur cet objet dans diverses localités, et qui toutes ont donné des résultats satisfaisants, attendu que personne dans notre département ne les avait encore faites.

Nous avons pensé qu'à la suite du rapport de M. Boucault, nous devions donner connaissance de celui de M. Milne-Edwards, sur la même question et qui en est tout l'historique. Voici ce rapport, fait au ministre de l'agriculture et du commerce :

« Monsieur le Ministre,

« Mû par l'intérêt qu'inspirent à juste titre toutes les découvertes qui peuvent accroître les ressources alimentaires du pays, vous avez voulu fixer votre opinion sur la valeur de divers essais faits depuis quelque temps, soit en France, soit en Angleterre, pour assurer la multiplication du poisson dans les étangs ou les rivières, et pour augmenter les produits de la pêche fluviatile.

« Vous m'avez fait l'honneur de soumettre cette question à mon examen, et vous m'avez chargé de vous rendre plus particulièrement compte des résultats obtenus par deux pêcheurs qui exercent leur industrie près des sources de la Moselle, et qui ont eu recours au procédé de la fécondation artificielle pour établir dans les Vosges une véritable fabrique de poissons. C'est avec empressement que je me suis conformé à ce désir, et je m'estimerai heureux, monsieur le ministre, si les recherches auxquelles je me suis livré peuvent vous aider à doter notre industrie rurale d'une nouvelle source de richesses dont l'importance ne sera méconnue ni par les physiologistes ni par les agriculteurs.

« Le poisson est, en effet, un aliment riche en principes nutritifs; et en augmenter l'abondance, soit dans le voisinage de nos côtes, soit dans l'intérieur du pays, serait un bienfait réel pour toutes les classes de la population. La pêche fluviatile est, en général, peu productive en France; mais il suffit de jeter les yeux sur ce qui se passe dans des contrées voisines pour comprendre quelle pourrait en être la valeur, si, à l'aide de notre industrie, nous parvenions à peupler de bons poissons nos rivières et nos étangs comme la nature elle-même a peuplé les eaux de l'Ecosse ou de l'Irlande, et comme nos agriculteurs peuplent d'animaux herbivores, destinés également à servir à notre subsistance, leurs terres à pâturages.

« La pêche fluviatile a été depuis long-temps l'objet de mesures réglementaires, destinées à favoriser la reproduction du poisson et à protéger le développement du frai. L'ordonnance royale de 1669 forme la base de notre législation à ce sujet, et contient plusieurs dispositions dont l'utilité est incontestable. Les propriétaires d'étangs donnent aussi, d'ordinaire, quelques soins à l'empoissonnement de ces viviers naturels; mais on abandonne au hasard ce qui est relatif à la reproduction du poisson dans nos rivières; et, tout en se plaignant amèrement de la diminution toujours croissante des produits, on ne s'est que peu occupé des remèdes à opposer au mal.

« L'attention du public a enfin été éveillée sur cette question à l'occasion d'une lecture faite à l'Académie des sciences, il y a deux ans, par un de nos zoologistes les plus distingués, M. de Quatrefages, ancien professeur à la faculté des sciences de Toulouse.

« Ce savant et élégant écrivain donna à nos agriculteurs d'utiles conseils sur l'art d'élever le poisson, et les engagea fortement à mettre en pratique un procédé de multiplication qui depuis long-temps était bien connu des physiologistes et qui avait été souvent employé dans les expériences de cabinet, savoir, la fécondation artificielle des œufs.

« On sait par les travaux de Spallanzani, et par les recherches expérimentales dont vous-même, monsieur le Ministre, avec votre ancien collaborateur Prévost (de Genève), avez enrichi la science il y a vingt-cinq ans, que toute fécondation est le résultat de l'action exercée sur l'œuf à l'état de maturité par les spermatozoïdes vivants dont est chargée la liqueur séminale; que cette action a lieu par le contact direct de ces deux éléments reproducteurs , et que la puissance physiologique de ces mêmes agents peut se conserver pendant un temps plus ou moins long, après qu'ils ont été soustraits à l'influence des organismes vivants dans le sein desquels ils avaient été élaborés.

« Pour un grand nombre d'animaux inférieurs , le rôle des parents dans le travail de la procréation ne consiste que dans la formation et l'émission de ces deux éléments génériques ; l'œuf n'est fécondé qu'après la ponte , et sa rencontre avec le spermatozoïde , dont le contact est nécessaire à sa viabilité, n'a lieu que par le concours de causes extérieures indépendantes de l'action des parents ; les courants qui peuvent s'établir dans l'eau où cette semence a été déposée, par exemple. L'expérimentateur peut donc déterminer à volonté ce phénomène physiologique par le mélange mécanique des œufs et de la liqueur séminale de ces animaux ; et le même résultat s'obtient aussi en fécondant artificiellement les œufs produits par des animaux dont la multiplication n'est pas abandonnée de la sorte au hasard par la nature , et se trouve assurée par l'union des individus procréateurs.

« Les observations des zoologistes montrent aussi que , dans l'harmonie générale de la nature , la fécondité des animaux est réglée non-seulement en vue des causes de destruction auxquelles les jeunes se trouvent exposés avant que de devenir aptes à concourir eux-mêmes à la reproduction de leur espèce, mais aussi en raison des chances de non-fécondation que les œufs ont à subir ; et que là où le contact de ces œufs avec la liqueur séminale n'a lieu qu'après leur abandon par la mère et dépend plus ou moins complétement du hasard , leur nombre est toujours beaucoup plus considérable que là où leur viabilité est assurée avant qu'ils aient été pondus.

« Les poissons appartiennent , pour la pluplart , à cette catégorie d'animaux dont les œufs ne sont fécondés par le mâle que plus ou moins longtemps après leur émission , et sans que ce dernier ait avec la femelle aucune relation intime.

« Aussi , pour déterminer le développement de l'embryon dans l'intétérieur de ces œufs encore stériles , le physiologiste n'a-t-il qu'à imiter, dans ses expériences de laboratoire, ce qui se passe normalement dans la nature, c'est-à-dire les mettre en contact avec de l'eau chargée de laitance ; la fécondation s'en opère aussitôt , et , pour se procurer cette laitance ainsi que les œufs à féconder , il suffit de presser légèrement l'abdomen des mâles et des femelles , dont les produits sont mûrs et dont la vie n'est pas mise en danger par cette opération ; ou bien encore d'ouvrir le corps d'individus récemment morts, car ces œufs et cette laite conservent leur vitalité pendant un temps assez long après que la vie a cessé dans les êtres qui les ont produits, et on peut même faire naître ainsi de deux cadavres une génération nombreuse et forte.

« Ce fait a été pleinement établi par le comte de Golstein, vers le milieu du siècle dernier, long-temps avant que Spallanzani eût publié ses belles recherches sur la génération. En 1758, cet observateur judicieux adressa à l'un des ancêtres du célèbre Fourcroy un mémoire fort intéressant sur la fécondation artificielle des truites, et sur l'emploi dont ce procédé était susceptible pour l'empoissonnement des rivières. Un extrait du travail de Golstein fut inséré dans un ouvrage intitulé *les Soirées helvétiennes*, et quelques années plus tard, en 1770, Duhamel du Monceau en donna une traduction dans le troisième volume de son *Traité général des pêches*, rédigé par ordre de l'Académie des sciences.

« Vers la même époque, en 1763, un naturaliste allemand, Jacobi, publia à Hambourg une lettre également intéressante sur l'art d'élever les saumons et les truites, et sur la production de ces poissons par voie de fécondation artificielle. A une époque plus récente, des expériences analogues ont été faites en Ecosse par le docteur Knox, par M. Saw et par M. Andrew Young.

« En 1835, M. Rusconi, si bien connu des naturalistes par ses travaux sur l'embryologie des salamandres, publia, dans le soixante-dix-neuvième volume de la *Biblioteca italiana*, de nouvelles observations sur le développement des poissons, et donna des détails également instructifs au sujet de la fécondation artificielle des œufs de la tanche et de l'ablette. La traduction de ce mémoire a été insérée par mes soins dans les *Annales des sciences naturelles* pour 1833.

« J'ajouterai aussi que c'est en ayant recours à ce procédé de multiplication que MM. Agassiz et Vogt se sont procuré tous les embryons nécessaires pour les études sur le développement de la palée, espèce de salmone des lacs de la Suisse, dont ces deux naturalistes ont publié l'histoire anatomique en 1842.

« Le fait physiologique sur lequel M. de Quatrefages s'appuyait pour exciter les agriculteurs à fabriquer en quelque sorte du poisson comme ils produisent du blé ou de la viande, n'offrait donc rien de neuf pour les zoologistes, et M. de Quatrefages a été le premier à rappeler à la mémoire de ceux-ci les droits de Golstein à la découverte de la fécondation artificielle. Mais, par suite de notre système d'éducation, les vérités devenues presque banales pour les naturalistes sont d'ordinaire complètement ignorées de la plupart des hommes même les plus instruits, et il n'était pas inutile d'appeler fortement l'attention du public sur cette application de la science à l'industrie rurale; car non-seulement celle-ci n'avait tiré jusqu'alors aucun profit des résultats signalés par cet auteur, mais je ne crains pas de me tromper en affirmant qu'il n'y avait pas en France dix agronomes qui eussent la moindre idée du service que les physiologistes leur offraient depuis si long-temps.

« Nous ne devons donc pas nous étonner de voir que, dans une des vallées les plus reculées de la chaîne des Vosges, deux pêcheurs illettrés, mais doués par la nature d'un esprit d'observation remarquable et d'une persévérance plus rare encore parmi nous, aient ignoré toutes ces choses, et que, voulant porter remède au dépérissement dont leur industrie était frappée, ils aient employé plusieurs années de leur vie à refaire laborieusement les expériences des physiologistes célèbres que je viens de citer, et à découvrir par eux-mêmes ce que les naturalistes savaient depuis plus d'un siècle.

« Mais si ces pauvres paysans de la Bresse ont été devancés dans leurs recherches par les hommes de science, et s'ils n'ont enrichi l'histoire naturelle d'aucun résultat nouveau, ils n'en sont pas moins dignes d'intérêt, et ils ont droit à notre reconnaissance, car ils paraissent avoir été les premiers à faire chez nous l'application de la découverte des fécondations artificielles à l'élève du poisson, et ils ont le mérite d'avoir créé ainsi en France une industrie nouvelle.

« Les premiers essais de MM. Gehin et Remy, les deux pêcheurs dont il vient d'être question, datent de 1842. Ayant constaté, par une longue suite d'observations, le mode de reproduction de la truite, et s'étant assurés de la possibilité d'opérer à volonté la fécondation de ses œufs, ils se sont appliqués à multiplier ce poisson pour en repeupler les ruisseaux de leur canton. Le succès est venu couronner leurs efforts; et, malgré la faiblesse des ressources dont ils pouvaient disposer et les difficultés de toutes sortes qu'ils rencontrèrent, ils ont obtenu des résultats considérables.

« Ainsi ils ont empoissonné, avec de jeunes truites obtenues au moyen de la fécondation artificielle, deux étangs situés à peu de distance du village de la Bresse, où ils habitent; et une de ces réserves a fourni, l'année dernière, environ 1,200 truites âgées de deux ans. MM. Gehin et Remy évaluent à environ 50,000 le nombre de jeunes individus qu'ils ont lâchés dans la Mosellotte, petite rivière qui passe à la Bresse et qui se jette dans la Moselle près de Remiremont; ils ont mis en pratique leurs procédés d'empoissonnement dans plusieurs autres localités du même canton, ainsi que le constatent diverses pièces fournies par les autorités de Saulxure, de Cornimont et Gerandmer. Enfin, M. Kientzy, maire de Waldestin, dans le département du Haut-Rhin, les a chargés de repeupler les cours d'eau de sa commune, et cet administrateur habile assure qu'ils ont parfaitement réussi.

« J'ajouterai encore que, voulant se rendre aussi utiles que possible, nos pêcheurs n'ont jamais fait un mystère de leurs procédés, et y ont initié tous ceux qui leur témoignaient le désir de se livrer à des expériences analogues. Toutes les personnes qui ont eu occasion de voir les travaux de MM. Gehin et Remy leur donnent de grands éloges.

« J'ai visité leur établissement, et j'ai été témoin de quelques-unes de leurs expériences.

« Enfin, la Société d'émulation des Vosges s'en est fait rendre compte à plusieurs reprises, et a accordé à chacun de ces hommes industrieux une médaille honorifique. La question qu'ils s'étaient posée me semble être, en effet, pleinement résolue; et, pour rendre au pays un service considérable, il ne leur manque que de pouvoir disposer des moyens nécessaires pour étendre leurs opérations. J'en juge non-seulement par les résultats que MM. Gehin et Remy ont déjà obtenus, mais aussi par les faits du même ordre que j'ai recueillis en Angleterre, où des essais analogues se poursuivent depuis plusieurs années sur une grande échelle et excitent beaucoup d'intérêt.

« Effectivement, un ingénieur civil de Hammersmith, M. Boccius, a eu recours au procédé de la fécondation artificielle pour repeupler plusieurs rivières de la Grande-Bretagne, et paraît avoir complétement réussi. En 1841, il a opéré sur le cours d'eau appartenant à M. Drummond, dans le voisinage d'Uxbridge, et il évalue à 120,000 le nombre de truites qu'il a élevées. Les années suivantes, il a mis en pratique les mêmes procédés dans la magnifique propriété du duc de Devonshire, à Chatsworth; puis chez M. Gurnie, à Carsalton, et chez M. Hibberts, à Chalfort; enfin, le club des pêcheurs à la ligne l'a chargé de l'aménagement d'une pêcherie importante à Answell magna, dans le comté de Hartford; et M. Boccius m'a assuré que déjà il y avait fabriqué au moins 2 millions de petites truites. Il a publié un livre sur cette méthode d'empoissonnement, et il paraît que, prochainement, une société, sous le patronage de sir H. Labouchère, doit se constituer pour tenter de la sorte d'ensaumoner la Tamise.

« Le procédé employé par MM. Gehin et Remy est très-simple et

facile à mettre en pratique; il diffère à peine de celui adopté par M. Boccius, et ressemble non moins exactement à la méthode décrite par Jacobi, il y a bientôt un siècle.

« C'est en novembre ou au commencement de décembre que la reproduction de la truite a lieu, et, pour se procurer des œufs destinés à
être fécondés artificiellement, il suffit de presser légèrement d'avant en
arrière l'abdomen d'une femelle prête à pondre; les œufs qui en tombent
doivent être reçus dans un vase contenant de l'eau, et ensuite arrosés
avec de la laite obtenue de la même manière et également délayée dans
de l'eau. Si ces produits ne sont pas arrivés à terme au moment où l'on
commence l'opération, ils ne s'écoulent que sous l'influence d'une pres-
sion forte, et il faut alors laisser le poisson dans une réserve pendant
quelques jours avant que de déterminer cette espèce d'accouchement
forcé; car ni les œufs ni la laite ne pourraient être employés utilement
dans un état d'immaturité, et la vie des poissons procréateurs serait
mise en danger par des manœuvres violentes. Au contact de l'eau sper-
matisée, les œufs changent de teinte : avant la fécondation, ils sont
transparents et jaunâtres; aussitôt fécondés, ils deviennent blanchâtres
ou plutôt opalins. Une truite âgée de deux ans seulement, et pesant à
peu près 125 grammes, peut fournir environ 600 œufs, et une truite de
trois ans, 700 à 800. Il est aussi à noter que la laitance d'un mâle suffit
pour féconder les œufs fournis par une demi-douzaine de femelles ou
même davantage.

« MM. Gehin et Remy placent les œufs ainsi fécondés sur une couche
de gravier, dans des boîtes en fer-blanc criblées de trous; ces boîtes
ont environ 15 centimètres de diamètre sur 8 de profondeur, et peuvent
contenir chacune un millier d'œufs. On les place dans quelque petit ruisseau dont les eaux sont vives et claires, mais peu profondes; on les y
enterre un peu, et on dispose les choses de façon que le courant puisse
opérer un renouvellement rapide dans l'eau dont les œufs sont baignés,
car l'agitation du liquide est nécessaire non-seulement pour assurer la
respiration des embryons, mais aussi pour empêcher le développement
de conferves qui ne tarderaient pas à envahir les œufs si l'eau était
stagnante, et détermineraient la mort du frai. Le développement de ces
embryons dure environ quatre mois, et c'est, en général, vers la fin de
mars ou en avril que l'éclosion a lieu; pendant six semaines encore les
truites nouvellement nées portent sous l'abdomen la vésicule ombilicale
ou vitéline qui renferme les restes de la matière nutritive analogue au
jaune de l'œuf des oiseaux, et c'est d'abord aux dépens de cette subs-

lance que le frai se nourrit ; mais lorsque l'absoplion s'en est effectuée,
le petit poisson a besoin d'autres aliments, et il faut alors le faire sortir
de la boîte qui lui a servi de berceau, et le laisser vaguer librement dans
le ruisseau ou l'étang que l'on veut peupler. Enfin, pour procurer à ces
petits animaux une nourriture abondante et appropriée à leurs besoins,
il suffit de laisser ou d'introduire quelques grenouilles dans les eaux où
ils se tiennent ; car le frai de ces batraciens est un aliment qu'ils recher-
cherchent avec avidité, et les têtards constituent aussi une excellente
pâture pour les truites plus avancées en âge.

« Lorsque les petites truites que l'on élève de la sorte sont destinées
à servir de suite à l'empoissonnement d'une rivière, il faut les placer
dans les ruisseaux tributaires de celle-ci, et choisir les cours d'eau qui
bouillonnent sur un fond de cailloux ou de rochers.

« A mesure que ces poissons grandissent, ils descendent spontané-
ment vers les eaux plus profondes, et n'y arrivent que lorsqu'ils sont
déjà assez agiles pour avoir des chances de se soustraire aux ennemis
qu'ils y rencontrent ; tandis que, si on les plaçait directement au milieu
d'autres poissons voraces, il n'y en aurait que peu qui échapperaient à
la mort. Lorsque c'est dans des étangs ou dans des viviers qu'en veut les
élever, il faut aussi avoir la précaution de séparer complétement les
produits de chaque année, car les grosses truites dévorent les petites ; et,
pour éviter cette cause de destruction, il faut que tous les individus
réunis dans une même enceinte aient le même âge. Pour établir d'une
manière régulière ce genre d'industrie, il faudrait, par conséquent,
avoir au moins trois étangs, et en faire la pêche alternativement trois
ans après leur empoissonnement respectif, puis verser de nouveaux produits dans le vivier ainsi épuisé. Malheureusement, MM. Gebin et Remy
n'ont pas à leur disposition les fonds nécessaires pour compléter de la
sorte l'exploitation de leur procédé ; ils ont obtenu la concession d'un
petit étang qu'ils ont approprié à cet usage, et ils en ont acheté un autre
au prix de 800 fr. Mais aujourd'hui leurs ressources pécuniaires se trouvent épuisées ; et si , par votre bienveillante protection, monsieur le
Ministre, ils n'obtiennent pas quelques secours du Gouvernement, je
crains bien qu'ils ne se trouvent dans l'impossibilité de donner suite à
des essais dont les débuts sont des plus satisfaisants.

« Les travaux de MM. Gebin et Remy me semblent d'autant plus
dignes d'encouragements que le succès ne peut donner que peu ou point
de profit à ces deux hommes dévoués et actifs, mais contribuera à accroître les ressources alimentaires dont les populations riveraines ont la

disposition. Ce ne serait même qu'en considérant les opérations d'empoissonnement comme des travaux d'utilité publique, et en les faisant exécuter aux frais de l'Etat, qu'on pourrait espérer donner une importance réelle à nos pêches fluviatiles; mais en y consacrant des fonds même très-faibles, on arriverait, je n'en doute pas, à des résultats importants pour le pays.

« Si les procédés d'empoissonnement pratiqués par MM. Gehin et Remy n'étaient applicables qu'à la truite et à quelques autres poissons d'un produit faible, je n'y accorderais pas tout l'intérêt que j'y attache; mais on peut l'employer pour l'élève du saumon, et je suis convaincu qu'il serait facile de rendre ainsi à nos rivières de la Bretagne les richesses ichtyologiques qui tendent à en disparaître, et même d'acclimater le saumon dans des fleuves qui, jusqu'ici, n'ont été que peu ou point fréquentés par ce poisson.

« Rien n'est plus facile que le transport des œufs fécondés nouvellement, ou de saumons vivants dont l'abdomen est rempli soit d'œufs, soit de laitance; et lors même que ces individus reproducteurs viendraient à mourir en route, la fécondation et le développement de leurs œufs pourraient encore s'effectuer. En plaçant les œufs ainsi fécondés artificiellement dans des ruisseaux convenablement choisis, les jeunes saumons se développeraient comme dans les lieux que leurs parents auraient choisis pour y frayer; ils émigreraient comme d'ordinaire vers la mer; et lorsque après avoir grandi dans les profondeurs de l'Océan, ils éprouveraient le besoin de frayer à leur tour, ils ne manqueraient pas de revenir en grand nombre vers le fleuve dont ils étaient sortis, et en remonteraient le cours afin d'y chercher un lieu convenable pour le développement de leur progéniture. On sait, en effet, par des expériences déjà anciennes faites en Bretagne par Déslandes, et par des observations du même genre répétées de nos jours en Ecosse par le duc d'Athol, sir W. Jardine, M. Baigrie, M. Haysham et M. Young, le directeur des pêcheries du duc de Sutherland, à Invershin, que, guidé par un singulier instinct, comparable à celui des hirondelles voyageuses, le saumon, après avoir émigré au loin dans la mer, revient d'ordinaire dans les eaux où il est né, et que les individus d'une même race se perpétuent de la sorte dans certains fleuves sans se mêler à la population des eaux étrangères. Il me semble, par conséquent, indubitable que, dans l'espace d'un petit nombre d'années, il serait possible, non-seulement de multiplier beaucoup les saumons dans toutes les rivières où ils s'engagent naturellement, mais aussi d'introduire et d'acclimater ces grands et précieux poissons dans plusieurs de nos cours d'eau qui, jusqu'ici, en ont été complétement privés.

« Pour le saumon et pour la truite, ainsi que pour beaucoup d'autres poissons, le procédé de multiplication mis en pratique par MM. Gehin et Remy, me semble être le moyen le plus sûr et le plus facile pour obtenir l'empoissonnement des rivières; mais on ne peut pas avoir recours à la fécondation artificielle des œufs pour peupler nos eaux douces, de certaines espèces dont l'introduction serait cependant fort utile dans un grand nombre de localités. Ainsi on ne trouve jamais les anguilles chargées de laite ou d'œufs en maturité, et ces poissons paraissent ne se reproduire que dans les profondeurs de la mer, d'où l'on voit sortir chaque année des légions innombrables d'anguilles nouvellement nées, qui s'engagent dans les rivières et sont connues des pêcheurs sous le nom de *montée*. Pour peupler les étangs et les ruisseaux qui en manquent aujourd'hui, il faudrait, par conséquent, y transporter de ce frai et renouveler l'opération périodiquement........ »

Or, M! Coste a fait voir dernièrement que ce transport peut s'effectuer avec la plus grande facilité, même à des distances fort considérables.

Pour cela il suffit de placer la *montée* au milieu d'une masse de brins d'herbe mouillée, et d'en empêcher la dessication. Les expériences que M. Coste poursuit en ce moment à Paris, dans le laboratoire du Collège de France, prouvent aussi qu'on peut nourrir à peu de frais les petites anguilles, de façon à les faire grandir rapidement; et il me semble probable que, dans beaucoup de localités marécageuses, l'élève de ces anguilles serait une industrie lucrative pour nos agriculteurs.

Si j'avais à m'occuper ici des pêches maritimes, je vous demanderais, monsieur le ministre, la permission d'appeler aussi votre attention sur plusieurs questions relatives au régime de nos bancs d'huîtres, et aux moyens à employer pour favoriser la multiplication de ces mollusques. Un industriel de la Charente, M. Carbonnel, en a entretenu l'Académie des sciences à plusieurs reprises dans ces derniers temps, et pense qu'il serait facile d'établir, sur divers points de nos côtes, des huîtrières artificielles.

M. de Quatrefages a engagé aussi les naturalistes de notre littoral à tenter la fécondation artificielle des œufs d'huîtres; et je suis persuadé qu'en étudiant expérimentalement tout ce qui est relatif à la génération de ces mollusques, on arriverait à des résultats intéressants pour l'industrie aussi bien que pour la science. Mais, dans l'état actuel de nos connaissances relatives à la physiologie de ces animaux, on ne saurait se prononcer sur la valeur des procédés de multiplication dont les auteurs que je viens de citer proposent l'emploi.

Quoi qu'il en soit, d'après l'ensemble des résultats dont j'ai eu l'honneur de vous rendre compte, monsieur le ministre, et d'après les expériences analogues à celles de MM. Gehin et Remy, faites par M. Lefebvre de Vaugouard, il me semble démontré qu'avec de la persévérance, on pourrait, à peu de frais, améliorer beaucoup la faune icthyologique de la France, et obtenir ainsi, de la portion de notre territoire qui est recouverte par les eaux, un revenu beaucoup plus considérable que celui qu'on en tire aujourd'hui. Ce serait pour le pays tout entier un accroissement de richesses; et des essais de ce genre me paraissent d'autant plus importants à faire, que plusieurs circonstances tendent à diminuer journellement les ressources alimentaires que nous procure la pêche fluviatile.

La rareté croissante du poisson dans un grand nombre de nos rivières ne dépend pas seulement de la manière dont la pêche y a été pratiquée ; elle tient aussi à d'autres circonstances, parmi lesquelles on doit ranger l'extension de notre industrie manufacturière. Ainsi les barrages que l'on établit en si grand nombre pour le service des moteurs hydrauliques sont autant d'obstacles à la reproduction des poissons divers, qui ont besoin de remonter les cours d'eau jusque dans les sources pour y trouver des lieux propres à recevoir leur frai ; et les individus procréateurs arrivant en moindre nombre dans les petits ruisseaux, la population icthyologique de la rivière en souffre, car les œufs ne se trouvent plus dans les conditions favorables au développement des jeunes, et les moyens de recrutement de toute la faune s'en amoindrissent avec rapidité. Si, comme en Ecosse et même en Angleterre, il existait en France beaucoup de riches propriétaires qui possédassent des cours d'eau d'une étendue très considérable, on pourrait laisser à la charge de l'industrie privée tous les travaux relatifs à l'amélioration de la pêche fluviatile, car celui à qui l'une de ces rivières appartiendrait aurait un intérêt direct à en augmenter les produits. Mais chez nous il en est tout autrement, et l'individu qui s'occuperait de l'empoissonnement d'un cours d'eau ne pourrait guère espérer recueillir lui-même quelques profits de son entreprise; il augmenterait les ressources alimentaires dont disposent ses concitoyens, et rendrait de la sorte un service réel à son pays; mais il n'aurait qu'une faible part dans les bénéfices obtenus, et d'ordinaire il manquerait de stimulants pour entreprendre ce travail.

L'empoissonnement de nos rivières serait une opération d'utilité publique; ce serait donc, ce me semble, à l'État qu'incomberait le soin d'y pourvoir. Des essais de ce genre, faits sur une grande échelle, mais conduits avec sagesse et confiés à des hommes intelligents, n'entraîneraient pas à de fortes dépenses et pourraient conduire à des résultats importants. Si vous jugiez convenable d'en faire exécuter, vous trouveriez dans les deux pêcheurs de la Bresse dont je viens d'avoir l'honneur de vous entretenir, monsieur le ministre, des agents capables et zélés; et j'ajouterai que les charger de ce travail serait, ce me semble, la meilleure récompense que le gouvernement puisse leur accorder.

Du reste, une entreprise pareille nécessiterait des études préliminaires sérieuses, et soulèverait plusieurs questions pour la solution desquelles le concours de l'administration des eaux et forêts serait nécessaire ainsi que les lumières des naturalistes, et peut-être serait-il bon d'en charger une commission mixte.

En résumé, nous voyons que l'empoissonnement des eaux douces par la méthode des fécondations artificielles a été proposé il y a fort long-temps, mais n'a été tenté en France que dans ces derniers temps; que MM. Gehin et Remy paraissent avoir été les premiers à mettre ce procédé en pratique chez nous, et sont arrivés de leur côté à des résultats analogues à ceux obtenus à la même époque, en Angleterre, par M. Boccius; que les travaux de ces deux pêcheurs sont dignes d'intérêt; et qu'en appliquant à la multiplication du saumon les moyens dont ils ont fait usage avec succès pour l'élève de la truite, on parviendrait probablement à augmenter beaucoup les produits fournis par nos pêches fluviatiles.

MILNE-EDWARDS,
Membre de l'Académie des sciences.

M. Lionnet considère la fécondation artificielle des carpes comme inutile, car ce cyprin ne réussit bien que dans les eaux douces des contrées méridionales et tempérées de l'Europe, principalement dans les étangs, dans les lacs et dans les rivières dont les eaux coulent lentement.

Si on veut se procurer un grand nombre de petites carpes que l'on appelle allevin, et ensuite fenille, quand elles sont un peu grosses, il s'agit seulement de mettre quelques mâles et quelques femelles dans des mares ou dans des petits étangs à bords herbeux et dans lesquels il n'y a pas de brochet; dans ces eaux que les rayons du soleil échauffent facilement lors de la ponte, presque tous les œufs sont fécondés et éclosent avec une très-grande facilité. On peut de là les porter soit dans les étangs, soit dans les lacs ou rivières qui leur conviennent. Leur multiplication, dans certains étangs, est quelquefois si considérable, qu'on est obligé de la restreindre.

Les carpes que l'on trouve dans le nord de l'Europe n'y prospèrent pas avec facilité. Albert Iᵉʳ, duc de Prusse, les importa dans ce pays en 1514; elles le furent en Angleterre, par Pierre Maschal, en 1550. Le froid leur est contraire, et plus on approche des régions froides, plus leur volume diminue.

C'est dans les eaux presque stagnantes qu'elles se plaisent le mieux et où elles deviennent plus grosses. Elles parviennent au poids d'environ 15 kilog. dans certains lacs d'Allemagne; à Dertz, sur les confins de la Poméranie, on en a pêché une de 19 kilog., et près d'Augsbourg, en Prusse, on en trouve qui pèsent 20 kilog. Au dire de Pallas, le Volga en nourrit qui ont près de deux mètres de longueur. La plus gigantesque de celles connues est celle que cite Bloch, qui fut prise en 1711, à Beschofhause, près de Francfort-sur-l'Oder; elle avait trois mètres de longueur, un de hauteur, et pesait 35 kilog.

Si leur grosseur a lieu d'étonner, on peut en dire autant de leur fécondité : Bloch a trouvé 257,000 œufs dans une femelle d'un demi-kilog.; Petit, 342,144 dans une femelle du poids de 750 grammes; Bloch, encore, 621,600 dans une femelle de 4 kilog. et demi; et Schneider, 700,000 dans une du poids de 5 kilog.

Si la plus grande partie du frai des carpes est dévorée par d'autres poissons, par des oiseaux aquatiques, etc., les petits sont aussi exposés à une foule de dangers. A l'âge de trois ans, elles ne craignent plus que les gros brochets et les loutres. Au bout de six ans, une carpe peut peser un kilog. et demi; à dix ans, de 3 à 4. Elles vivent très-long-temps. En Lusace on en a nourri pendant près de 200 ans. Buffon en a vu dans les fossés de Pont-Chartrain qui avaient 150 ans. Il y en avait naguère à Fontainebleau et à Chantilly à qui l'on donnait près d'un siècle. Nous en avons vu dans l'étang de Chaume, près Courcelles-Fremoy, du poids de 10 kilog.

Enfin, les carpes vivent habituellement d'insectes, de petits coquillages, de graines, de racines et de jeunes pousses de plantes; elles aiment beaucoup les tourteaux de graines oléagineuses, et ils servent souvent d'appât pour les prendre, ou mieux pour les réunir dans le lieu où on veut les pêcher. On les prend aisément à la ligne, en amorçant avec des sauterelles, des criccts, des grillons, des achètes, des bombyces, etc.

BÊTES BOVINES DE SALERS.

Il est encore question de l'introduction, dans l'arrondissement de Semur, d'animaux de la race bovine auvergnate dite de Salers.

A cette occasion, M. le Président dit que, dans la revue des travaux du Comité, on n'omettra pas une des plus importantes améliorations qu'il ait tentées : l'introduction dans nos pays des bêtes bovines de la race auvergnate dite de Salers, race bien connue par ses qualités lactifères, par son aptitude à l'engraissement, par sa rusticité et par son activité pour le travail.

Déjà, dans plusieurs séances du Comité où il s'occupait de l'amélioration des animaux servant aux travaux agricoles, plusieurs membres avaient fait ressortir la distinction de la race de Salers, et les avantages que les nourrisseurs pourraient retirer de l'introduction de taureaux de cette race pour l'amélioration de ceux qu'ils élèvent, et surtout pour donner plus de taille à la race morvandelle, qui a beaucoup d'analogie avec elle.

Le Comité, dans sa séance du 26 mars 1848, avait décidé qu'il autoriserait son bureau à faire venir, du département du Cantal, deux taureaux d'un an à dix-huit mois, deux veaux mâles de six mois à un an, et trois ou quatre génisses, lesquels seraient mis à la disposition des Comices au prix de revient, et suivant un mode qui serait déterminé plus tard.

Mais le Président et le Vice-Président, à qui le soin de faire faire ces achats avait été laissé, ont pensé que si on ne faisait venir qu'un petit nombre d'animaux, les frais du voyage de la personne qui irait les acheter, ceux faits pour les amener à Semur, en élèveraient tellement le prix, que l'on trouverait peut-être difficilement des détenteurs qui voulussent s'en charger, tandis qu'en augmentant le nombre, les frais répartis sur chacun d'eux seraient bien moins onéreux et l'opération plus avantageuse.

En conséquence, ils se sont décidés à faire acheter cinq taureaux d'un an à deux ans, quatre de six à dix mois, trois jeunes vaches et quatre taures d'un an.

L'argent nécessaire pour cette opération, 3,000 francs, a été pris chez un banquier, par le président et sous sa responsabilité personnelle.

Cette somme a été remise à M. Lionnet, qui est parti le 30 août 1848 pour le Cantal.

Il a acheté dans quelques écuries, et surtout à la foire de Fontanges, le 5 septembre, les seize animaux désirés ; il les a confiés à deux conducteurs qui les ont amenés à Semur en dix-neuf jours de route.

Ces animaux sont arrivés très-fatigués, comme on le pense bien, et avant de les exposer sous les yeux du Comité, il a fallu les laisser reposer dans de bons herbages, fournis par M. Soupey, fermier à Chevigny.

Les seize animaux ont coûté 2,460 francs.

Les frais de voyage de M. Lionnet, de conduite, de nourriture en route et chez M. Soupey, se sont élevés à 718 francs 40 centimes. Au total, 3,179 francs 40 centimes.

Cette somme a dû être répartie sur chacun des animaux, non pas au marc le franc du prix d'achat, mais bien en raison de leur qualité et de leur valeur réelle.

Dans sa séance du 1er octobre, le Comité a entendu le récit détaillé de cette opération, et a adressé à M. Lionnet des remerciements pour le soin qu'il avait mis à la faire ; il a délibéré sur le placement de ces animaux, et a adopté leur distribution entre les Comices et les membres du Comité, au prix de revient, plutôt qu'à la vente aux enchères, qui aurait entraîné des frais dont le prix de ces animaux se serait trouvé augmenté et qui auraient augmenté de huit à neuf pour cent l'éviction que devait supporter le Comité, et que l'état de ses finances ne lui permettait de supporter que dans de faibles limites. Il a donc décidé que les cinq plus gros taureaux seraient remis aux cinq Comices, qui ont consenti à concourir à l'acquisition.

Pour établir l'égalité entre les cinq Comices, des billets portant le numéro de chacun des gros taureaux, 1, 2, 8, 12, 13, sont mis dans un chapeau, et un membre de chaque Comice vient tirer un de ces billets.

Le sort donne au *Comice de Vitteaux*, le numéro 1. Il n'aura à payer que 170 fr., au lieu de 250 fr.

Au *Comice d'Epoisses*, le numéro 2. Il aura à payer 200 fr., au lieu de 280 fr.

Au *Comice de Flavigny*, le numéro 8. Il aura à payer 220 fr., au lieu 300 fr.

Au *Comice de Montbard*, le numéro 12. Il aura à payer 145 fr., au lieu de 225 fr.

Au *Comice de Précy*, le numéro 13. Il aura à payer 220 fr., au lieu de 300 fr.

Ces Comices disposeront de ces animaux comme ils l'entendront, et en payeront le prix sous le plus bref délai, attendu qu'il faut rembourser promptement le banquier qui a fait des fonds pour l'achat.

Il est délibéré que le bureau du Comité fera les diligences convenables pour obtenir les 400 fr. de primes du Conseil Général qui sont à la disposition des Comices qui se procureront les premiers des animaux améliorateurs de la race bovine, ainsi qu'il a été dit ci-dessus.

Après avoir examiné ces animaux, qui sont exposés sur le champ de foire, à Semur, plusieurs membres du Comité demandent qu'il leur en soit remis au prix de revient, coté ci-devant.

M. Soupey prend la vache n° 3, pour.................... 125 fr.

M. Baudier, la vache n° 4, pour..................... 240

M. Chanson, la taure n° 5, pour..................... 180

M. Baudot de Champlon, le taurillon n° 6, pour 125 fr., au lieu de 153 fr., parce qu'il a été blessé à un œil et qu'il est menacé d'être borgne; ci........................... 125

Le Comice de Vitteaux a la taure n° 7, pour........... 170

M. Baudier, le taureau n° 10, pour 150 fr., au lieu de 153 fr.; ci.. 150

Restent les numéros 9, 11, 14, 15 et 16, que le bureau du Comité placera au plutôt, avec remise, s'il est nécessaire, de 10 ou 15 pour cent.

Il résulte de tout ce que dessus, et de la diminution possible sur le prix des animaux invendus, que le Comité a introduit dans l'arrondissement 16 animaux d'une des races bovines les plus amélioratrices de France, pour une perte ou un sacrifice de 100 à 200 fr., opération des plus favorables et qu'il serait à désirer que l'on répétât tous les ans en achetant des animaux de la même race ou des races suisse, charollaise, cottentine ou autres.

Les animaux invendus sont reconduits chez M. Soupey, où M. le président du Comité les fera prendre pour les envoyer à sa ferme de Corsaint. Il consent à les y nourrir gratuitement pendant quelques semaines.

En introduisant dans le compte-rendu des travaux du Comité d'agriculture le rapport de M. Milne-Edwards sur la fécondation artificielle des poissons, nous avons voulu répandre l'idée d'une nouvelle industrie qui, dans un avenir prochain, doit contribuer à résoudre le problème *de la vie à bon marché.*

En effet, quand les ruisseaux et rivières de la France seront peuplés de poissons de toutes sortes, et quand la législation aura fait respecter cette propriété à l'égal de toute autre, il n'est pas douteux que toutes, les classes de la société y trouveront d'abondantes ressources alimentaires.

Créer des produits, c'est en général augmenter la richesse nationale ; mais créer des produits alimentaires, c'est faire mieux encore : c'est travailler à l'amélioration physique et morale des populations. Ils méritent bien de l'humanité tous ceux qui se livrent à une si utile industrie. Dès longtemps, les membres du Comité l'ont senti et ils ont toujours cherché, dans ce but, en même temps que dans leur intérêt privé, à *fabriquer* de la viande en améliorant les races bovine et ovine de l'arrondissement. Il faudrait les citer presque tous si l'on voulait signaler ceux qui ont introduit, à différentes fois, des taureaux et vaches de races amélioratrices suisse et charolaise ; des béliers et brebis mérinos qui, par un métissage bien entendu, ont augmenté la finesse de la laine et le poids de nos moutons d'Auxois jadis si réputés.

Ainsi, que l'on parcoure nos six cantons, qu'on en visite les principales fermes, on se convaincra des admirables résultats qu'ils ont obtenus.

A un autre point de vue, nous ne parlerons pas ici des efforts et des sacrifices pécuniers faits par grand nombre d'entre eux pour améliorer la race chevaline ; ils ont utilement secondé le conseil général du département qui fournit chaque année à l'arrondissement plusieurs étalons percherons. Ces efforts et ces sacrifices doivent leur mériter la bienveillance soutenue de l'administration et les récompenses qu'un gouvernement jaloux de favoriser l'agriculture, principale source de la richesse publique, doit accorder aux travailleurs intelligents qui se dévouent à ses progrès et à sa prospérité.

Le président du Comité,
RÉMOND
Le vice-président, faisant les fonctions de secrétaire,
LIONNET.

FIN.

Semur, Typ. de N. ODOBÉ. — 1851.

www.ingramcontent.com/pod-product-compliance
Lightning Source LLC
Chambersburg PA
CBHW070934280326
41934CB00009B/1874